材料与化工类创新创业案例集

陈建芳　陈镇　易兵　张儒◎主编

·北京·

图书在版编目（CIP）数据

材料与化工类创新创业案例集 / 陈建芳等主编. —北京：科学技术文献出版社，2022.10
ISBN 978-7-5189-9168-6

Ⅰ. ①材… Ⅱ. ①陈… Ⅲ. ①高等学校—材料科学—创业—案例—汇编—湖南 ②高等学校—化学工业—创业—案例—汇编—湖南 Ⅳ. ① F426.7

中国版本图书馆 CIP 数据核字（2022）第 077190 号

材料与化工类创新创业案例集

策划编辑：丁芳宇　　责任编辑：李　晴　　责任校对：王瑞瑞　　责任出版：张志平

出 版 者	科学技术文献出版社
地　　 址	北京市复兴路15号　邮编　100038
编 务 部	（010）58882938，58882087（传真）
发 行 部	（010）58882868，58882870（传真）
邮 购 部	（010）58882873
官方网址	www.stdp.com.cn
发 行 者	科学技术文献出版社发行　全国各地新华书店经销
印 刷 者	北京虎彩文化传播有限公司
版　　 次	2022年10月第1版　2022年10月第1次印刷
开　　 本	787×1092　1/16
字　　 数	214千
印　　 张	11.5
书　　 号	ISBN 978-7-5189-9168-6
定　　 价	42.00元

版权所有　违法必究

购买本社图书，凡字迹不清、缺页、倒页、脱页者，本社发行部负责调换

编委会

主　编　陈建芳　陈　镇　易　兵　张　儒
副主编　吴锋景　易　苏　刘华杰　黄子俊
　　　　　黄赛金　刘艳丽
参编人员
　　　　　陶　强　张变玲　邓人杰　汤威宜
　　　　　王伟刚　张伟杰　汪南方

前　言

当前，我国经济发展进入新常态，大众创业、万众创新已成为社会公众的共识。习近平总书记指出"抓创新就是抓发展，谋创新就是谋未来"。因此，在普通高等学校开展创新创业教育，是服务国家加快转变经济发展方式、建设创新型国家和人力资源强国的重要战略举措。

湖南工程学院材料与化工学院围绕学校应用型办学理念的定位，不断深化创新教育改革，努力搭建实践平台，建立创新创业基地，着力提升创新创业人才培养质量，先后获批"国家级工程实践教育中心""湖南省大学生创新训练实践示范中心""湖南省校企联合创新创业基地"等荣誉，培养出一大批典型的优秀创新创业学子。

《材料与化工类创新创业案例集》分为3个篇章，分别收录了湖南工程学院材料与化工学院部分优秀校友励志的成长历程、精彩的创业故事及在校生各类创新创业竞赛中大放光彩的瞬间。通过展示校友们在创业征途上从无到有、从否定到认可、从失败到成功的蜕变过程，激励同学们不忘创业初心，努力学习团队组建、产品定位、决策制定、沟通协调、危机处理等创业知识，以创业带动就业，担负起社会责任，实现自身价值。同时，反哺于高校，用榜样的力量激发在校生的创新精神，游刃有余地驰骋在各类创新创业竞赛平台，以赛促教，推动新一轮高校创新创业教育的发展。

本书虽不够尽善尽美，但希望能通过最朴素的故事讲述形式，为莘莘学子在准备创新创业的过程中提供具有借鉴性的指导和帮助，希望本书能够对大学生创新创业素质的培养和大学生创新创业教育的开展有所助益。

本书的编写离不开各方人士的共同努力，感谢湖南工程学院创新创业学院的悉心指导，以及全体参编教师及相关优秀校友、参赛学生和联系老师肖鑫、谭正德、王连军、刘万民等对本书编写工作的大力支持和辛勤付出！同时，我院本科生邓冰、仇杰、张杰、周梦雅参与了文字的润色，本科生谭宇桓、贺燚参与了全书内容的校对，在此一并表示感谢，最后还要特别感谢湖南工业大学温辉教授的不吝赐教。

由于时间仓促和编者水平所限，疏漏不足之处恳请相关师生、广大读者谅解并批评指正。

《材料与化工类创新创业案例集》编者

2022 年 1 月

目　　录

第一篇　优秀校友风采篇

1. 奋发图强，传奇人生——李向群 ······ 3
2. 巾帼创业，职场逆袭——娄赛英 ······ 7
3. 潜心学问，辛勤耕耘——刘清泉 ······ 11
4. 敢为人先，锲而不舍——李峥嵘 ······ 14
5. 创新实干，持之以恒——顾海峰 ······ 17
6. 不负韶华，以梦为马——张昆明 ······ 20
7. 真实面对，挑战未来——陈阳 ······ 24
8. 湖工初心，科研扬帆——杨侃 ······ 27
9. 赤子之心，奋发有为——朱思昊 ······ 31

第二篇　优秀校友创业篇

1. 开拓创新，致富思源——陈建军 ······ 37
2. 专业情怀，创业梦想——龙德华 ······ 40
3. 不惧艰难，常怀感恩——易旭 ······ 43
4. 深扎行业，创造品牌——佘再平 ······ 46
5. 坚持学习，科技创业——曾拥华 ······ 49
6. 创新技术，精益生产——周皓镠 ······ 52
7. 坚持不懈，顺势而为——罗兴华 ······ 56
8. 学习积累，知足感恩——阳建 ······ 60
9. 夯实基础，深耕专业——罗莎 ······ 62
10. 借助平台，实现价值——陈煜 ······ 65

第三篇　大学生创新竞赛篇

1. 凝心聚力，精益求精——全国大学生化工设计竞赛 …………………… 71
2. 积极主动，锐意进取——"挑战杯"全国大学生课外学术
   科技作品竞赛 …………………………………………………………… 116
3. 勤勉坚毅，自胜至达——湖南省大学生课外化学化工创新
   作品竞赛 ………………………………………………………………… 122
4. 勇于尝试，敢于挑战——湖南省大学生化学化工虚拟仿真
   竞赛 ……………………………………………………………………… 134
5. 勤奋求实，厚积薄发——湖南省大学生化学化工实验技能竞赛 …… 140
6. 开拓创新，锐意进取——"互联网+"大学生创新创业大赛 ……… 150

附录1　湖南省第一届大学生化学化工虚拟仿真竞赛（初赛）评审方案　159

附录2　湖南省第六届大学生化学实验技能与化学化工创新竞赛试题 … 163

第一篇
优秀校友风采篇

篇章导读

  锲而不舍，勇担时代使命；敢为人先，赓续青春力量。一代又一代的湖南工程学院（简称"湖工"）学子书写着属于他们的优美画卷，留下一段又一段的奋斗佳话。他们是裸辞厅官、执着一念，将业余做成掌门的李向群；是巾帼创业、精准发力，用热爱成就卓越的娄赛英；是潜心学问，辛勤耕耘，将科研寓于实践的刘清泉……

  你是否也有对未来的憧憬？

  走过万水千山才能收获锦绣繁华，美好生活仍需不断拼搏来绘就，这正是青春最美的姿态。在本篇中，我们将跟随9位优秀校友前辈的足迹，走进他们的故事，了解他们的校园生活、人生经历，并聆听他们给予我们的寄语，一起探寻成功路上的精彩！

1 奋发图强,传奇人生——李向群

1.1 导语

20多年的职场生涯,39岁实现了从科员到骨干,可谓一帆风顺,志得意满;2008年毅然辞职,他将大好前程收进双肩包,从南下广州和朋友创业,到应贵州湾田集团老板之邀创建湖南湾田集团,再到现在数家公司的董事长,10多年的商场打拼,有成有败,甘苦自知;执着一念,将自己商场所成倾囊赋予情怀,颠覆了惯常投资逻辑,从业余球迷到职业俱乐部掌门人,再到创湖南唯一"篮球全产业链综合运营商"的集团董事长。他就是湖工优秀校友李向群。

1.2 人物简介

李向群,湖南工程学院1982届优秀校友,曾就读于湘潭电机制造学校(现湖南工程学院)分析化学专业22班。他曾任娄底市委常委、秘书长、副市长兼市经开区书记、主任。现任湖南湾田集团副董事长兼名誉总裁,君道资本董事长。湖南湾田集团是湖南省篮球协会、湖南省大学生篮球协会独家商务战略合作伙伴,承办的各种省级赛事风生水起。他还担任了湖南省篮协、排协、棋协副主席,个人获得过一次湖南省围棋名人赛冠军(图1-1)。

图1-1 李向群

1.3 湖工记忆

1978年,初出茅庐的李向群第一次踏入湖工的大门,那时的他,与每一位普通的大学生一样,对在大学里如何学习、生活及将来的发展目标还比较懵懂,就这样,开始了他大学4年的学习生涯。

来到湘潭上学不久，李向群就感受到了那独属于湖工、独属于班级的温暖。当他回忆起曾经的校园生活，说道："我们的班主任，像对待亲生弟弟一样对待我们，亦师亦友、亦如兄长、照顾细微、传授有道。"在学习上，他勤奋刻苦，曾多次利用自己的休息时间，去高质量地完成老师布置的一些任务；此外，为了达到自己的目标，曾高标准要求自己，在遨游书海的同时，将青春年华留在了实验室，对于研究孜孜不倦、乐此不疲。学校的关注、老师的厚爱、同窗的关爱，使得他能够专心致志地学习，对专业知识的领悟愈加精益求精。

青春如此美好，4年时光流转于笔尖，书写勤奋的同时也留下了成长的痕迹。与梦同行的他最后以优异的成绩毕业，成为一名优秀毕业生，交出了一份完美的大学答卷，并前往涟源钢铁集团有限公司技术监督处参加工作。

李向群表示，湖工系统化的课程，安排得十分科学合理，让他在湖工能一步一个脚印地成长，变得自律而有条理；自主学习能力也得到了极大锻炼和提升，为之后的工作奠定了良好且有力的基础。

1.4　宏图更展

1963年出生的李向群，天生具有一种"我的人生我做主"的骨气。李向群大学毕业后，没有选择离开湖南，而是在省内娄底市的涟源钢铁集团有限公司工作打拼。

在公司奋斗了一段时间后，他奋发图强考入湖南大学攻读硕士学位，1992年被任命为共青团娄底地委负责人，从此他在事业上青云直上，开启了传奇的人生道路。

当上团干部的李向群，仕途鸿运当头，一路高歌猛进，在任职两年半的时间里，他主持的"希望工程""青年社会化服务体系"等多项大型社会项目得到落实，所在地委在湖南省内团地委当中名列前茅，连续多次被湖南省委评为全省"红旗团委"。

1994年，31岁的李向群，由于突出的工作成绩，上任娄底市正处级干部，成为湖南省娄底市重要的年轻后备干部之一，也是娄底市最年轻的市级领导。他积极向上、踏实能干的品行给民众留下了深刻的印象。

1995年年底，李向群被中央调任新化县委副书记，分管党群和工业经济工作。就在李向群想要大展身手时，突如其来的洪水暂时打断了他的理想抱负。1996年，新化县遭遇百年不遇之大洪水，李向群被紧急调命前往一线抢险指挥工作。

洪水告急，李向群立即带领当地机关干部前往梅堤，誓死抵挡洪水的入侵。他多次前往梅堤下游巡堤，在巡堤途中意外发现梅堤防洪设施已被洪水穿透，在紧急事件出现时，李向群迅速通知堤下的人民群众紧急疏散。通知下达后不久，洪水迅速漫过梅堤，整个新化县几乎被洪水侵袭，街道已被淹没。李向群随即下令抗洪全员连夜赶制数百个简易木排用以接送被困群众，还安排后勤人员每日制作几万个馒头，分批发放给在屋顶避难的市民。为统筹局势，保持联络，李向群几乎每天都要耗尽几块手机电池的电量。整整7个昼夜，李向群始终坚守在一线，乘坐渡船奔走于各处抢险点，终于等到洪水退去的时刻。在这场突如其来的洪灾中，凭借着李向群及相关人员的得力指挥，新化县没有出现任何伤亡人员，这个事件被媒体报道称为"奇迹"。

1998年，35岁的李向群被任命为冷水江市市长。在他任职期间，恰逢全球宏观经济低谷，冷水江市经济同样不容乐观。冷水江市几大主要工业均陷入停滞状态，市政府拨款财务也捉襟见肘，甚至被称为"铁饭碗"的公务员几个月工资都无法正常发放。在这种局面下，李向群决定破釜沉舟，开始对整个冷水江市进行全面改造。

鉴于在新化县的抗洪经验，他决定首先对冷水江市防洪堤、城区主要道路下水道进行改造，加强对基础设施的建设投入。为了促进经济发展，他带着第一批开发区人员，开始了不计报酬、顽强拼搏的创业之旅。

经过几年的艰苦奋斗，原本经济低迷的冷水江市工业区转变为一个崭新的现代化工业园，经济收入呈几何式稳步增长，工业区已成为当地最美丽的风景线，39岁的他，由于突出的业绩被提拔为副厅级干部。

2008年，李向群主动请辞，开启了新的人生阶段。李向群身份的巨大转变，一时间引得众多私企老板向他伸出橄榄枝，但他最终决定下海经商，离开湖南去寻找新的机会。

李向群从广东游历回来，与湾田集团董事长刘祖长会面初谈，有过一面之交的两人似乎很合拍，在他了解到湾田在湖南几乎没有任何投资，同时也没有地方利益的纠缠后，他随即选择加入湾田集团。

在湾田集团成立5周年的座谈会上，李向群这样对员工说："做一个让人喜欢的人，做一个不可或缺的人，要敢于追求人生，让自己变得不可或缺，让自己在面对任何人，都能勇敢说出——我是你的英雄。"或许这就是为什么他会选择功成名就之后重新创业的原因。

2016年，李向群投资创办湖南翼腾体育文化发展有限公司，任董事长，并控股湖南唯一职业篮球俱乐部——湖南勇胜篮球俱乐部，此后该俱乐部连续4年打入全国NBL篮球联盟四强。

2021年公司重组，李向群任翼腾体育文化产业集团董事长，湖南唯一"篮球全产业链综合运营商"，形成了以职业篮球俱乐部、赛事运营、场培连锁、体育用品与工程和流量经营为主的五大业务模块。

李向群从政、从商、从情怀的人生三部曲，总是演奏在时代的强音上。他已是商人却又不似商人，他是一位具有开阔精神视野、深刻哲理思辨、强烈战略意识，并始终闪烁着人性光辉的时代强人。

1.5 寄语

李向群对学弟学妹们说：踏踏实实学习，但要结合实际走向社会，边学习边接触社会，时刻关注社会对相关专业技能的需求，争取练得一指禅，专一门。在短短的大学生活中，要想取得全面发展是不太可能的，在全中求精，目标是面向社会，社会需要什么，在学校就重点培养与专业有关的社会需要的技能，以就业为向导，努力奋进！

李向群想对母校表达：饮水思源，作为校友，我深切感谢母校的栽培，也密切关注着母校的建设和发展。也祝愿母校宏图更展，再谱华章！

（易苏　整理）

2 巾帼创业，职场逆袭——娄赛英

2.1 导读

20世纪90年代，我国社会发展日新月异，国民经济迅速腾飞，国有企业改制、民营经济崛起、制造业和出口加工业飞速发展，一批批老厂技术革新、扩大产能，一间间新厂如雨后春笋般不断开设，整个社会对专业技术人才的需求非常大。当年的湖工领导高瞻远瞩，很早就开设了多门类轻工业专业，为国家培养了大批实用型专业技术人才，尤其是轻纺化工类特色专业成为湖工名片，享誉全国，为广东、江浙乃至全国的纺织行业发展做出了杰出的贡献。更是培养出了许多优秀的企业家和行业领导者，优秀校友娄赛英就是其中之一。

2.2 人物简介

娄赛英，湖南工程学院1995届优秀校友，曾就读于湖南工程学院染整工程（现轻化工程）92311班。广东省服装协会副会长，中大纺织商会副会长，原天虹纺织上市公司针织事业部总经理，现任4家纺织面料公司创始人，旗下公司为广州中大纺织产业商圈文明诚信经营户，并成为安踏、森马、卡宾、优衣库、李宁、乔丹等知名品牌的面料供应商（图1-2）。

图1-2 娄赛英

2.3 湖工记忆

1992年，青春懵懂的娄赛英迈入了湖南工程学院的大门，入读当时还比较冷门的染整工程专业。在校期间，娄赛英担任染化系（现材料与化工学院）学习部部长。任职期间，娄赛英和老师同学们相处融洽，交际能力、沟通能力、为人处世能力都得到了提升。作为学习部部长，娄赛英以身作则，成绩优异，每年都能获得奖学金。特别值得骄傲的是在大一时，娄赛英就加入了中国共产党。

大学 3 年时光虽然短暂，但非常快乐。"两房一厅"的豪华宿舍、景色宜人的小山坡、饭堂里供不应求的馒头、从周一期待到周五的周末校园舞会、班主任及各科老师的谆谆教诲、同学们的纯真情谊……时隔多年仍然经常在娄赛英的眼前浮现、耳边回响，这是娄赛英人生中最珍贵、最美好的回忆。

2.4　巾帼创业

1995 年，娄赛英从湖工染整专业毕业。当时，国家已经不再分配大学毕业生工作，只能自主择业。娄赛英离开家乡，只身前往广东，从此开始了她的职业生涯，人生的追梦之旅也扬帆起航。

作为初入职场的年轻女孩，没有家世和背景，在陌生的广东，娄赛英别无选择，只能埋头苦干，积累经验。到广东后，娄赛英先是在肇庆一家国有织染厂打工，从化验室调方打样做起。在那里，她为自己后来在纺织行业的事业发展打下了坚实的基础。1997 年，娄赛英以培训生的身份进入东莞福安集团。福安集团是全球最大的针织面料企业福田集团旗下的针织面料生产基地。在福安集团，娄赛英系统地学习了针织方面的知识，通过自己的努力，娄赛英在那一届 13 个培训生中脱颖而出，成为晋升最快的一个。

因为自身各方面的不断沉淀积累，娄赛英逐渐不满足于在工厂做技术管理工作，每天憧憬着在更广阔的天地发挥自己的才智，梦想让自己的职业生涯迈上一个新的台阶。1999 年，娄赛英毅然从福安辞职，孤身闯荡，寻找发展机会。经过不到两年的摸爬滚打，娄赛英成为当时整个中大面料市场中的第一个职业经理人，也就是第一个拿股份的打工人。她在纺织市场做得风生水起，因此得到了天虹集团领导的赏识，娄赛英成为面料板块负责人，从此她的事业发展迈上新的台阶。天道酬勤，娄赛英很快开创了人生道路上的第一个小高峰。

小事业发展得太顺利了，娄赛英一时意气风发，信心满满，想要扬帆出海，探索更广阔的大洋。但很快，理想的小船迎来了现实的巨浪。2011 年，娄赛英不满足于自己当时在纺织行业的小小成就，谋求跨界发展，一头扎进了服装行业，一门心思想去打造自己的服装品牌。从纺织业进入服装业，看似离得很近的两个上下游产业，让娄赛英误以为很容易入行发展。但真正进入服装行业以后，娄赛英才发现之前在纺织行业的技术基础和人脉对她在新行业的发展助力少之又少。根基不牢，大厦不稳，她在服装行业的发展很快遭遇失败，2011—2015 年，她苦苦坚持、谋划和挣扎，最终的结果是将之前的积蓄几乎全部亏空，她的人生一下子跌落谷底。

人有时需要一些挫折，才能登得更高、看得更远，才能有大格局、大谋略。经历了跨界发展的重大挫折，娄赛英沉下心来，深刻反省，调整心态。后来她回忆起那段经历不无感慨，当时公司亏空 6000 万元，岌岌可危，幸得一位贵友相助，借出 500 万元帮她渡过难关。之后娄赛英深刻明白了锦上添花易、雪中送炭难的道理，让她更加注重诚实及道德信用。

从 2016 年开始，娄赛英重新调整事业发展方向，放弃了连年亏损的服装业务，专注发展自己擅长的针织面料事业，稳扎稳打，不断提升企业竞争力，丰富完善产品线，全方位优化客户服务。

2017 年，娄赛英开始进军越南，联合越南当地工厂，柔性发展生产链，并于同年 10 月正式注册"纤纬"品牌。2018 年，"纤纬"结缘阿里巴巴，与迅犀达成战略合作，同年针织销售突破 2 亿元。2019 年，"纤纬"自主研发成功无尘面料，并申请技术专利，同时注册了无尘面料专用品牌"塔里木"。适逢阿里巴巴 20 周年庆典，马云与十几万名阿里巴巴员工穿上了"塔里木"面料的 T 恤，会场一片白色海洋，开启了无尘面料"塔里木"时代。2020 年，天猫双十一盛典上，"纤纬"成为阿里巴巴双十一"战袍"服装面料指定供应商。同年，"纤纬"正式入驻阿里巴巴，从此开启了属于"纤纬"的网络时代。2021 年，广州红棉时尚商家全场支持"新疆棉"，支持"中国制造"，广州城为这件新疆 T 恤沸腾，新疆 T 恤所有面料由"纤纬"精心制造。"纤纬"成长为国内乃至东南亚具有相当影响力和良好口碑的国产自主面料品牌。

2016—2020 年，娄赛英公司的业绩以每年 2~5 倍的速度迅速增长。2020 年，公司营业额超过 3 亿元。随着公司的稳定发展，到 2025 年，公司的营业额预计可达 10 亿元以上。

自 2004 年开始，娄赛英在创业的道路上，带领着一批热血青年在广州中大布业市场努力奋斗，培养了一批优秀人才和数十名资产千万级以上的优秀企业家。特别是自 2016 年转战针织面料领域以来，她敏锐地意识到，未来制造业要"心制造"，更加要"新制造"。企业要发展，行业要壮大，需要有越来越多有理想、有抱负的新人加入，需要众多纺织人的集体奉献和拼搏。

"十四五"时期，我国纺织行业在基本实现纺织强国目标的基础上，将进一步推进"科技、时尚、绿色"行业的高质量发展。纺织行业将要建设高质量的纺织制造体系，推进产业基础高级化，提升产业链现代化，推进制造能力高端化。纺织行业将要提升国际化发展层次与水平，促进国际国内双循环，加快外贸出口转型升级，提升跨国资源整合能力。纺织行业将要推动行业时尚发展与品牌建设,推动文化与产业深度融合,提升产品创新能力,推动业态和模式创新,强化品牌培育服务。纺织行业将要推动纤维新材料持续创新升级,加快突破和掌握一批关键核心技术,进入国际高性能纤维研发和生产的第一梯队,引领生物基化学纤维产业化进程。纺织行业伴随着国家的发展而发展,我们的国家越来越强大,人民的生活越来越美好,纺织行业未来的发展将需要不断创新,不断有新鲜的血液注入,不断有新的力量崛起。这是纺织人难得的人生际遇和历史使命。

纺织行业是永不衰落的民生行业,有着庞大而稳定的市场,为广大纺织人的事业发展提供了足够广阔的天地。从娄赛英踏入湖工校门的那一刻起,其实就注定了她将要在纺织行业里拼搏奋斗一生。她热爱纺织行业并为自己能够成为一个小有成就的纺织人而自豪!在未来的道路上,她期待和更多的纺织人一起,砥砺前行,勇闯未来,为纺织行业的发展和创新贡献力量。

2.5 寄语

娄赛英对学弟学妹们说:勤奋学习,把握机会,努力工作。专业学习固然很重要,但是大学更应注重学习能力的培养。兴趣是最好的老师,一定要对学习的专业感兴趣,才能把它做好。在校期间,要珍惜时间,把更多的精力投入学习中去,还要培养吃苦耐劳、坚韧不拔的品质。她特别强调,是坚韧而不是坚强,在重大苦难挫折面前,坚强还不够,更需要一股不服输的韧劲,才能突破自我,勇往直前。

娄赛英想对母校表达:教育是百年基业,感激母校对学子的倾力培育和对纺织行业的卓越贡献,祝福母校校园建设越来越美、办学能力越来越强,期望母校在未来更加卓越、更有远见,不断取得学科建设新成就,不断满足社会服务新需求。

(陈建芳 整理)

3 潜心学问，辛勤耕耘——刘清泉

3.1 导语

大学一毕业就进入国有企业工作，对当时的生活很知足，还以为会在企业干一辈子，可万万没想到企业倒闭了。突然遭遇下岗，内心的考研梦再次升起，几经挣扎最终挣脱束缚，向梦想全力奔跑，脱离书本已经4年的他，厚积薄发，经过两年奋战，终于实现梦想。找到自己的研究兴趣后又继续攻读博士，外出访学。他用15年时间潜心学问，辛勤耕耘，成为教授、博导、湖南省电池协会理事、专家委员会委员。他就是湖南工程学院优秀校友刘清泉。

3.2 人物简介

刘清泉，湖南工程学院1996届优秀校友，曾就读于湖南工程学院工业分析9302班。现任湖南科技大学材料科学与工程学院院长、教授、博导、湖南省电池协会理事、专家委员会委员。兼任新能源储存与转换先进材料湖南省重点实验室主任。先后主持国家自然科学基金3项、湖南省高新技术产业科技创新引领计划等省部级项目4项、企业委托项目5项；获得湖南省自然科学奖二等奖1项、湖南省科学技术进步奖二等奖1项、湖南省高等教育教学成果奖三等奖1项。在 J. Hazard. Mater. 等学术期刊上发表论文80余篇；获授权国家发明专利12项，应用与转化专利5项（图1-3）。

图 1-3 刘清泉

3.3 湖工记忆

1993年，怀揣着对未来美好的憧憬，刘清泉第一次走进了湖工的大门，踏上了工业分析专业的学习道路。在老师、同学和学长的帮助下，刘清泉很快适应了环境，融入了湖工的校园生活。大学3年，他努力学习、奋发向上，是自习室、化工楼和图书馆的常客，多次被评为学校三好学生；大学3年，刘清泉脚踏实地、勤奋学习，努力为同学们做好服务工作，先后担任学习委员和化工系学习部部长；刘清泉积极向上、乐观豁达，与老师同学们相处融洽，从老师身上学到了很多为人处世的道理。湖工"锲而不舍、敢为人先"的校训与精神，老师们的谆谆教诲和反复叮咛，同学们的纯真友谊和真诚关爱，成为刘清泉一生的宝贵财富和美好回忆，伴随着他在成长的道路上继续前行。

3.4 砥志研思

1996年，本科毕业前夕，刘清泉在自己的努力和老师们的推荐与帮助下，经过笔试和面试，入选湖南省委组织部的选调生。后经邵阳市委组织部协调，被分配到湖南宝庆化工厂工作。当时，正值国有企业破产重组、国企工人下岗再就业的时期，企业负担沉重、效益下滑、资不抵债、经营困难，刘清泉历经两年的努力，2000年被中南大学录取为应用化学专业硕士研究生，刘清泉的人生方向也就此改变了。

在硕士研究生期间刘清泉找到了自己的兴趣所在，从此在学术研究的道路上持续耕耘。2003年，硕士研究生毕业后，刘清泉回到湘潭，就职于湖南科技大学，圆了自己的教师梦想。往者不可谏，来者犹可追。刘清泉在32岁时入读浙江大学，攻读高分子化学与物理专业博士研究生，凭借优秀的科研成果获得博士学位后再次返校工作。2014年9月，刘清泉赴新加坡国立大学进行了为期1年的访学工作。

自入职湖南科技大学以来，刘清泉勤于修身，严于自律，以饱满的热情投身于科学研究和人才培养的工作中。作为科研工作者，刘清泉一直秉持实事求是、严谨求真的治学态度，发扬勇于创新、迎难而上的科学精神，每一个科学研究项目，他都严格要求，全力以赴，高标准完成项目的研究任务；每一项企业合作课题，他都亲力亲为，悉心指导，高质量解决企业的技术难题；每一篇发表的论文，刘清泉都会仔细推敲，反复修改，务求逻辑清晰、论证严谨、结论合理，经过不断努力，刘清泉的研究成果于2020年获得了湖南省自然科学奖二等奖。

作为教师，刘清泉一直坚守"为党育人，为国育才"的责任与初心，聚力培根铸魂，落实立德树人根本任务。坚持认真上好每一堂课，用心对待每一个学生，做好学生健康成长的指导者和引路人，主持建设的"材料科学基础（上）"获评湖南省精品在线开放课程。多年来，刘清泉一直带领教学团队积极探索人才培养模式改革，分别从教育教学理念、师资队伍建设、专业课程体系、实践教学平台和创新培养机制等方面进行了探索与实践，研究成果荣获湖南省教学成果奖三等奖。刘清泉一直坚持吸纳本科生进入科研团队，指导他们从事创新创业工作，通过项目申报、成果汇报和学科竞赛，培养并提高学生文献查阅、归纳总结、项目撰写、口头表达、团队合作、创新能力和拼搏精神。近年来，刘清泉指导的本科生在"挑战杯"全国大学生课外学术科技作品竞赛中获三等奖1项，在省级学科竞赛中获二等奖2项、三等奖1项。

经过多年的努力与发展，目前由刘清泉领衔的科研团队已初具规模，他依旧不忘初心，牢记使命，继续发扬"锲而不舍、敢为人先"的校训精神，引导创新团队聚焦新型功能材料的开发与利用，全面服务于湖南省"三高四新"战略目标，在服务地方经济发展方面做出了自己的贡献。

3.5 寄语

刘清泉想对学弟学妹们说：认真把握住每一个"第一次"，让它们成为我们未来人生道路上的基石；我珍惜每一个"最后一次"，没有让以后的自己追悔莫及。回首往事，精彩绝伦，走过的岁月，令人回味至今，那些欢天喜地的日子，想起来是幸福与快乐。母校70周年校庆来了，愿今日的学弟学妹们勇往直前，努力拼搏，为母校争光！

刘清泉想对母校表达：七十年风雨历程，数不尽万千优秀学子，来也匆匆，去也匆匆。而母校一直在那里，如家一般温暖，指引每一位学子前进的方向；如灯塔一样，照亮每一位学子美好的前程。您的学子由衷地祝福：精神与理想愈发凝聚，青春与未来在此共鸣，历史与文化愈发积淀，耕耘与收获在此交融。祝愿永铸辉煌，旗帜飘扬！湖工生日快乐。

（张伟杰　整理）

4 敢为人先,锲而不舍——李峥嵘

4.1 导读

每个人的梦想都是那么美好远大,但是锲而不舍地去实现梦想的人却是少之又少。大多数人都是带着自己的七彩梦想,平平庸庸、碌碌无为地度过一生。殊不知,要实现梦想就要付诸行动,实现梦想的关键就在于能否果断地付诸行动。

作为一个湖工人,传承"敢为人先,锲而不舍"的精神,脚踏实地,一步一个脚印,低调做事做人,刻苦钻研,厚积薄发"吃得苦、霸得蛮"人生一定会出彩!优秀校友李峥嵘就是这样的湖工人之一。

4.2 个人简介

李峥嵘,湖南工程学院1997届优秀校友,曾就读于湖南工程学院化纤工程(现高分子材料)94311班(图1-4)。2001年9月在东华大学纺织化学与染整工程系就读硕士研究生;2004年4月在东华大学纺织化学与染整工程系攻读博士研究生;2009年9月在华南理工大学化学工程系进修博士研究生。现为湖南工程学院校聘纺织工程专业硕士研究生导师、客座教授,德国约克夏化工(Yorkshire Group)亚太区助剂负责人,主要从事新型染整助剂的研发、精细化学品的合成、氟化学品的合成、新型染整工艺的研究工作。在德资企业约克夏工作7年,成功开发了酸性印花防沾色剂PWO(目前市场应用效果最好、销售量最大)、活性染料湿摩擦牢度提升剂WRF、高温抗氧化剂NY-C、棉印花防沾色剂CRN、酸性固色粉NBF等都达到了市场同类一流产品的效果,先后成功接替了3个国外专家(一个美国专家,两个澳大利亚专家)的工作,对印染工艺和印染助剂有非常深入的研究,对广

图1-4 李峥嵘

东珠三角一带的大型染厂特别是对尼龙印染非常熟悉，而且还有良好的互动关系和合作开发项目。近年来，主持和参与国家杰出青年基金、国家自然科学基金、国家质检总局项目等共6项，参与制定国家标准1项，发表研究论文22篇，其中SCI、EI收录10篇，荣获国家质量技术监督检验检疫总局科技兴检奖三等奖，宁波市自然科学优秀论文奖三等奖，2011年荣获德国约克夏化工"2011年优秀研发和应用服务团队"项目负责人称号。

4.3 湖工记忆

1994年9月，李峥嵘第一次跨入湖南纺织高等专科学校（湖南工程学院前身之一），开始了化学纤维专业学习。他非常珍惜这宝贵的学习机会，努力学习，各科成绩均获优秀，打下了扎实的专业基础，并多次获得奖学金，为日后的发展奠定了坚实的基础。大学3年，他不仅学习了专业知识，开阔了眼界，在老师的悉心教导下，他还学会了与人相处，锤炼了自己的人格，打下了人生成长和事业发展的浓重底色。

李峥嵘经常深情地对他人说："纺专是我人生理想与梦想起航的地方，永远怀念在纺专求学的日子和助我成长的恩师。"

4.4 职场拼搏

1997年9月，大学毕业后，李峥嵘被分配到老家衡阳县一个化肥企业上班，由于专业不对口，上班半年之后，他停薪留职，南下广东，先后在深圳新光纺织印染厂、高明溢达纺织厂一线从事印染生产，做过车间操作员工和车间主任。在这段时间里，他从车间厂工身上学到了很多——脚踏实地，一步一个脚印，低调做事做人，刻苦钻研，厚积薄发，吃得苦、霸得蛮，这些都是厂工工人身上的优良品质。

工作之余，李峥嵘平时也没有懈怠学习，拿起书本自学。那段时间他白天要上班，晚上为了考试要认真学习，废寝忘食，常常只休息四五个小时。皇天不负有心人，天道酬勤，2001年，李峥嵘从高明溢达考入东华大学攻读硕士研究生和博士研究生。

2006年，他加入德国约克夏化工从事印染助剂研究，为了感谢当年母校恩师的教诲，他积极牵线搭桥，与母校领导和恩师取得联系，动员企业在母校设立30万元奖学金和100万元横向科研项目，为研究生提供实习岗位，拉近了企业与母校的关系。

2016年6月他加盟江门五邑大学成为一名染整专业教师，为了响应国家鼓励高校教师、事业单位科研人员创新创业和兼职的号召，他先后创办了广州睿特新材料科技有限公司和广东炬盛新材料科技有限公司，注册资金分别为1000万元和200万元，主要从事染整助剂的科研、技术研发及成果转化。经过数年奋斗，公司发展势头良好，目前在职职工35人，硕果累累，预计2022年年底销售总值突破8000万元。李峥嵘成为全国纺织行业高校在职教师科研成果转化的一枝独秀并广获同行称赞，在广东、福建有很高的知名度。他自创的广州睿特新材料科技有限公司与母校建立良好的合作关系，资助学校横向科研项目经费150万元，以尽自己作为校友对母校发展的支持之力。

4.5 寄语

李峥嵘常对学生们说：湖工是一所好学校，这里有和蔼可亲而不失严格的老师，这里有浓厚的科研氛围，这里有先进的教学仪器，这里有优美的校园环境，这里曾走出了一波又一波师兄师姐，在商海搏击，在学术科研阵地勇攀高峰，这些都是你们他日踏入社会走向成功的保障和力量源泉，你们在湖工的4年，不负韶华，一定能够实现心中的个人理想与报效祖国的鸿鹄之志。

（陈建芳　整理）

5　创新实干，持之以恒——顾海峰

5.1　导读

有人说，成功的人必是对自己的未来有着明确规划的人，他们知道他们的未来在哪里，并且愿意为之付出全部。从毕业踏入职场，从事与专业对口的行业，在岗位上不断实干创新，锲而不舍，终于取得了成功。时至今日，他未忘来时的路，依旧兢兢业业，引领一个公司蓬勃发展，让其成为一个行业的领头羊。他就是湖工优秀校友顾海峰，真正地做到了做一行、爱一行、精一行。

5.2　人物简介

顾海峰，湖南工程学院 1999 届优秀校友，曾就读于湖南工程学院化学系防护专业 9901 班，2003 年毕业后进入上海豪立涂料有限公司工作，凭借扎实的技术功底和优秀的创新能力，从普通、毫无背景的公司技术员一路干到总经理，现任豪立集团公司董事长。一个大学生从技术员干起，最终成为董事长，书写了属于自己的传奇。他用行动告诉我们，事业是干出来的，幸福是奋斗出来的（图 1-5）。

图 1-5　顾海峰

5.3　湖工记忆

顾海峰于 1999 年 9 月进入湖南工程学院学习，在校期间曾担任防护 9901 班团支书、防护 9901 班组织委员等班干部，多次获得奖学金。在校期间积极参加各种社团和班级活动。因家庭条件不好，顾海峰还主动申请了勤工俭学。顾海峰说，学习、参加社团活动、勤工俭学让自己每天都过得很充实，既丰富了自己的学生生活又培养了积极向上的心态和坚韧不拔的意志。

　　湖工老师对他的学习和生活也很关心。班主任肖老师经常告诫他要"自知、自信、自控"。自知，就是说要知道自己是谁，处在什么阶段，拥有什么，该感恩什么，什么该做什么不该做等。自信，就是要找到自己身上的一个或一些亮点，用它做支撑，让自己的精神饱满起来，不要觉得自己没有什么值得自信的地方，每个人身上或多或少都是有亮点的。自控，就是要有培养控制自己的能力，不对的事情马上改过，对的事情坚持去做。

　　顾海峰说，老师教学认真扎实，比较注重学生动手能力和独立思考能力的培养。印象最深的就是分析化学实验课，练习摇试剂瓶那叫一个酸爽，实验老师谭老师要求同学们拿着瓶子锻炼手感，一摇就是半小时，谭老师则一个个地纠正同学们错误操作；化学实验结果分析有问题，谭老师不会直接告诉同学们问题在哪里，要求同学们自己思考。因此，在校期间顾海峰就养成了良好的思维方式，使得他在毕业参加工作后很快就能适应涂料技术的开发工作。

5.4　创业经历

　　2002年7月毕业后，通过肖鑫老师推荐，顾海峰应聘到广州三磊新材料有限公司当了一名涂料技术员，顾海峰回忆说之所以选择这个单位，是因为专业对口，能够学以致用。2003年12月，顾海峰被派往上海参与组建上海豪立涂料有限公司，2004—2018年相继担任生产技术部经理、副总经理、总经理。2018年1月起任豪立集团公司董事长至今。

　　（1）勇于创新实干，实现人生价值和产业抱负的结合

　　本着做一行、爱一行、精一行的想法，顾海峰一直坚守涂料行业，在勤恳工作的基础上，一直怀有理想和抱负，即新产品的开发和应用，并为目标孜孜不倦地奋斗着。顾海峰说市场是企业赖以生存和发展的基础，市场环境是严酷的、瞬息万变的。只有不断地学习，不断地创新产品，才能在竞争激烈的市场中生存发展并脱颖而出。记得有一次，为了尽快开发出适合市场的新产品，顾海峰泡在公司实验室，带领团队奋战几天，废寝忘食，终于合成了理想的涂料。公司从开始做单一的集装箱防腐涂料，发展成为现在生产销售工业钢构防腐涂料、工业烤漆、卷钢卷铝涂料、涂料用树脂及助剂等多元化的化工集团公司；他从一开始只是为了学以致用而选择这份工作，到喜欢上这份工作，再到成为公司的领头羊，他用19年的时间践行着开辟进取、勇于创新的新时代奋斗者和创

业者精神,不仅带领公司迈向一个新台阶,而且实现了自己更高的人生价值。

(2)下好先手棋,打好主动战,努力做到未雨绸缪

每个行业都有发展起伏,顾海峰的经营理念是:行情好的时候抓住机会拓展市场占有率,行情不好的时候做好人员培训,提高产品质量,提升管理团队管理水平等,练好内功。顾海峰一直坚持品质为基、创新为核,在推动"旧动能"转型升级的同时,加快培育"新动能",并不断超越追求卓越。顾海峰坚信机会永远会留给有准备的人,始终居安思危,保持清醒头脑,不断提高自己,所以这么多年以来公司历经行业的变革和区域产业结构的调整,依然能够不断发展壮大。

5.5 寄语

顾海峰对学弟学妹们说:湖工有一个优秀务实的教师团队,湖工的毕业生动手能力和社会适应能力都很强,这是我们母校带给我们的宝贵财富。我们都是湖工人,我们都有责任一起来把湖工的精神和优秀文化发扬光大,我们都为成为湖工的一员感到骄傲和自豪。愿学弟学妹们好好珍惜自己的大学时光,在这个充满激情的青春岁月里,要好好学习,不负青春、不负韶华。

顾海峰对母校表达:在这里,我们懂得了什么是友谊,什么是集体,什么是独立;在这里,我们变得坚强,不再娇气。各种各样的比赛,各种各样有意义的活动,使我们的生活变得丰富多彩。让我们怀着一颗感恩的心,在今后的工作中,更加努力勤奋,以优异的成绩回报我们深深爱着的学校和老师。

(黄赛金 整理)

6 不负韶华，以梦为马——张昆明

6.1 导语

从本科到博士，从学者到专家，他从不虚度年华，刻苦钻研学习，最后实现了人生蜕变，他一直坚信天道酬勤，28篇论文是他无数日夜的最终成果。学成之后，他毅然返回家乡，运用自己所学将广西特色小吃螺蛳粉标准化，推向全世界。从年少懵懂到事业有成，历经千帆归来仍是少年。他就是湖工优秀校友张昆明。

6.2 人物简介

张昆明，湖南工程学院2008届优秀校友，曾就读于化学化工学院（现材料与化工学院）生物工程专业，2015年毕业于天津大学，获博士学位。广西千名中青年骨干教师培育计划对象入选者，广西科技大学"3331高层次人才计划"优秀青年学者。现任广西柳州螺蛳粉产业标准化技术委员会委员、国家自然科学基金通讯评审专家、广西科技专家库专家、柳州市科技专家库专家、中国化工学会专业会员、中国食品科学技术学会、中国颗粒学会会员、中文核心期刊《保鲜与加工》青年编委。主要从事生物资源利用与过程强化、生物质基纳米材料、生物与食品化工等领域研究。先后主持省（部）级教改项目1项，参与研究生核心课程建设项目1项。主持和参与各级科研项目12项，其中主持国家自然科学青年基金项目1项，广西自然科学青年基金项目1项，广西科技基地和人才专项1项，广西教育厅中青年教师基础能力提升项目1项，广西糖资源绿色加工重点实验室开放基金2项等。累计发表科研论文28篇，其中SCI、EI收录论文10余篇（含中科院一区Top论文3篇），申请专利4项，授权专利3项。同时，担任 *Bioresource Technology*、*Chemical Engineering Journal*、*Ultrasonics Sonochemistry* 等国际期刊审稿人（图1-6）。

6.3 湖工记忆

进入大学后，张昆明谨记自己入学时定下的目标，刻苦学习，偶有闲暇时间会和室友出去玩耍，放松自己。在2007年大三第二学期的某个夜晚，那晚天上没有星光，张昆明一个人在学校红楼前的平地上漫步思索，走过红楼门前时眺望一下远方，他感觉前途一片渺茫，也不知道未来的路究竟有多远、有多长。思考过后，张昆明想，越往前走，风景就会更美——考研吧！这是张昆明实现理想迈出的第一步。随后，在仅剩不多的复习时间里，张昆明比平时更加努力，但是在考研成绩公布的那一刻，张昆明的心情很糟糕，因为他的分数没有达到报考院校——华南理工大学的复试分数线，但是张昆明并没有气馁，果断选择了调剂，

图 1-6　张昆明

顺利调剂到了大连工业大学食品学院。回顾4年大学的生活，张昆明表示：最快乐的是大一刚入学的时候，最辛苦的是大三和大四的备考阶段。那个时候老师不辞辛劳地辅导同学，同学之间互相鼓励，一起相约着去自习室，互相讨论问题，遇到瓶颈时就一起去湘江散步，在湖工的生活是他最快乐且最珍惜的时光。

6.4 深造之路

读研期间，张昆明成绩优秀，深得导师喜爱。2009年7月，张昆明有幸获得了前往国家农产品保鲜工程技术研究中心（天津）这一国家级平台进行硕士论文研究的机会，成为在校外联合培养研究生成员之一。其间，张昆明参与了不同种类果蔬的贮藏保鲜研究工作，包括巨峰葡萄、玫瑰香葡萄、冬枣、磨盘柿子、苹果、香梨、沙窝萝卜等，同时也学习了不同类型的保鲜技术，如冰温保鲜、气调保鲜、1-MCP保鲜、减压保鲜、臭氧保鲜等，在上述果蔬保鲜领域张昆明参与了5项国家级、农业部项目，如国家科技支撑计划项目。更重要的是，在这一过程中张昆明接触到了许多优秀的专家。由于导师非常认可张昆明的科研潜力再加之其自己对科研很感兴趣，张昆明萌生了继续深造，攻读博士学位的想法。

2011年5月，经过自身努力，张昆明最终如愿考上了天津大学化工学院生物化工专业的博士研究生。虽然说考博的压力很大，但随之而来读博后面临毕业的压力更大。

在张昆明同届的同学中就出现了因承受不住读博的压力中途办理退学的情况，但是张昆明认为既然选择了，那就必须坚持下去，不能退缩。因为导师的研究方向完全是化学工程中膜分离过程方向，这项研究的完成需要大量的化学化工学科知识，这跟张昆明的本科、研究生专业差别很大，所以张昆明在博士一年级期间补修了许多化工课程，如"化工传递过程基础""化工热力学"。幸运的是，张昆明本科期间"高等数学""四大化学""化工原理"等课程都学过，只不过因为好久没有学习化工原理，重新翻看课本时觉得很艰难，但好在张昆明最后坚持了下来，每天起早贪黑地钻研学习，恶补知识短处。

在确定选题时，导师给张昆明定了个大方向——生物柴油，为了能将高效节能的多效膜蒸馏技术用于优化生物柴油生产过程，也为了尽快掌握这个领域的研究情况，张昆明除了补基础理论知识，每天还会安排固定的时间泡在文献里，同时不断做好研究笔记，这期间苦闷、烦躁和焦虑的思绪经常伴随着张昆明，因为选题方案经常被导师否定，这对张昆明的打击很大。确定选题后，实验过程尝试中的失败都是家常便饭，但当实验进展顺利而且还获得了意想不到的结果时，当时的兴奋心情也让张昆明至今记忆犹新。到了论文写作阶段，为了发表一篇高水平分离工程领域的 SCI 论文，导师对文章的要求也严格到了极致，仅 2014 年论文的打磨修改次数就不下 30 次，好在最终论文成果在一个月内获得接收、发表。攻博期间，除了论文阅读、科学研究、论文写作，参与多项国家级、省部级研究项目外，张昆明在导师的指导下也不断尝试科研项目的申请。这期间科学成果的发现、项目申请的磨炼至今都让张昆明铭记获得成功的过程是多么来之不易。回想读博期间的那几年，在实验室度过的每一天，在图书馆徜徉于文献的海洋中。张昆明也曾想过退缩，精神上承受了常人难以想象的压力、迷茫、徘徊、痛苦、挣扎、努力、坚持。张昆明最终成功获得了博士学位，实现了自己心中的梦想。

2015 年 6 月博士毕业后，张昆明回到广西科技大学工作。其间，教学、科研压力也很大，尤其是学校每年有不少的考核指标，而且学校不时还有教学督导组进课堂随堂听课，尤其对于青年教师的课堂更是听课的重点。张昆明把博士期间做报告的训练经验运用在备课上，这样备课后的课程讲起来驾轻就熟，而且讲课的内容在他博士期间都学过。同时，张昆明主动接受教师发展中心组织的教学培训，期间不断调整自身的教学方法，并从中提高了自己的教学能力与水平。因此，凭借其优良的教学效果、学生评价，很快就拿下了 1 项省部级教学改革项目。

高校离不开科研工作。为了能继续开展研究工作，张昆明调整了研究方向，加入了广西科技大学的生物资源加工技术与过程强化团队，开启了新的科研之路。然而，更换科研方向也是一个困难的过程，在申请国家自然科学基金上更是张昆明的短板。所以，

2016年张昆明几乎每天都起早贪黑地做实验，熬夜写论文，为年底的国家自然科学基金项目申请打下了基础。2017年春节期间，张昆明早早地回到学校，一个人待在学校提供的过渡房里，不断地打磨文稿，字斟句酌，情绪几乎达到了崩溃的边缘。但越努力越幸运，张昆明申请的项目最终打动了国家自然科学基金委员会，并成功获得了资助。由于业绩突出，张昆明2018年获评为广西科技大学的副教授、硕士研究生导师。为了服务地方经济，围绕地方经济发展需求，同时发挥曾经的食品科学研究成果，张昆明将本地的网红美食——柳州螺蛳粉纳入自己的研究领域中，并期待未来能在该领域取得一些技术突破，尽可能地为服务地方经济提供帮助。正所谓宝剑锋从磨砺出，梅花香自苦寒来。张昆明现任广西柳州螺蛳粉产业标准化技术委员会委员，这一路走来，不管遇到什么困难，张昆明始终坚信天道酬勤。

6.5 寄语

张昆明对学弟学妹们说：只要坚持理想，不畏前行，一切皆有可能。高考成绩真的不那么重要了，重要的在于大学这四年，你是在奋斗中度过的，还是在玩乐中度过的，做什么样的决定会显著改变你的人生轨迹。

张昆明想对母校表达：湖工带给我们的不仅仅是一个良好的学习环境，还有其锲而不舍、敢为人先的精神。无论我们身在何方，经受了多少风吹雨打，母校永远都是我们灵魂深处的圣地。

（张变玲　整理）

7 真实面对，挑战未来——陈阳

7.1 导语

生物工程是随着生命科学的发展与科学技术的进步而形成的现代新学科，被视为21世纪三大前沿科学之一。生物工程与人类生活息息相关，是医药、染整、食品、保健、与环境保护、农业、能源等众多领域由实验室研究通向应用的枢纽。

历经在日本北海道大学攻读硕士研究生、在美国罗格斯大学攻读博士研究生，到获得医学院博士学位，精通英语、日语、意大利语等多种语言。面对求学路上刚开始时的语言交流不畅、做研究收集不到材料等诸多困难，她从不言弃，不断学习、主动与同学老师交流，终于如愿达成目标。她就是湖工优秀校友陈阳。

7.2 人物简介

陈阳，湖南工程学院 2009 届优秀校友，曾就读于湖南工程学院生物工程专业 0502 班，本科毕业后，获得日本北海道大学生物系统学硕士学位和美国罗格斯大学医学院博士学位。曾在美国新泽西和英国伦敦担任医学顾问和医学客户经理。现在在不同的公司从事医学教育和交流工作（图 1-7）。

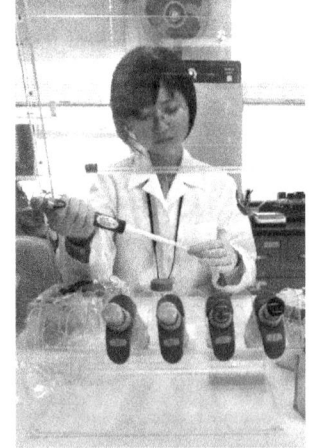

图 1-7 陈阳

7.3 湖工记忆

陈阳的父亲是湖南工程学院学校的职工，陈阳从小就在校园里长大，所以陈阳对母校的感情非常深厚，大学期间的美好时光基本上都是在北院和主校区度过的，当时的陈阳就怀揣着儿时一直想出国发展的梦想，天天穿梭在从北院去主校区的"新北路"上，带着随身听和英语学习卡，为自己创造一个微型英语环境。在陈阳的记忆里，有一次课后去买鸡蛋饼，见到两位外教老师看着热气腾腾的鸡蛋饼，想买却无法用中文沟通时，陈阳就为老师们做起翻译，那也是陈阳第一次做翻译，之后陈阳便和老师们成了挚友，这也是陈阳英文口语进步飞快的一个关键。

陈阳从小就对生态学很感兴趣，所以考虑如果出国读研，就会选择生态学方向。通过在图书馆查找一些相关文献，陈阳对日本北海道大学的一位教授所研究的方向很感兴趣。在看了他的一些文章后，陈阳发现这位教授有留美的经历，所以陈阳就用英文向他发出了一封邮件。教授回信告诉陈阳，表示对陈阳也非常感兴趣，盛情邀请陈阳去北海道大学参加入学考试和面试。不过教授也告诉陈阳大学考试的题目是以日语出题，但陈阳可以用英文回答，当时的陈阳已经读大三了，从来没有学习过日文，所以还是有些小紧张。在老师的帮助下，陈阳申请去中国科学院南海海洋研究所做关于沿海红树与生态环境的毕业论文。在广州期间，陈阳在一个日语培训机构努力学习日文。经过一年时间的准备，陈阳只身一人赴北海道大学赴考并成功考上。

7.4 逐梦之路

从湖南工程学院毕业后，陈阳便踏入了独身一人的日本求学之路，在北海道大学学习过程中，陈阳虽然对自己一直所热爱的生态学非常感兴趣，但是总觉得生态学离日常生活太远了，渐渐地对生物医学产生了兴趣。这一改变跨度很大，但陈阳对科学研究和为人类做贡献的初心没有改变。日本导师皆川教授对陈阳非常好，在日本读书期间，教授每月给陈阳发工资，补充陈阳生活所需。当听到陈阳有跨专业、跨国家申请博士的想法时，皆川教授非常开明，给陈阳写了一封很有分量的推荐信，使陈阳成功拿到了美国罗格斯大学博士全额奖学金，并获得免学费的机会。

在美国罗格斯大学医学院求学的过程中，陈阳辗转了3个不同医院实习，最终决定在新泽西退伍军人医院（War Related Illness and Injury Study Center, Department of Veteran Affairs New Jersey Health Care System）写博士论文。陈阳博士论文的主题是"Insight into the Role of Mitochondrial DNA Damage and Dysfunction in the Military Veterans with Fatiguing Multi-system Illness"。在做论文期间，陈阳大部分周末时光都是在实验探索中度过的，很快陈阳便遭遇了科研的瓶颈期，如何让研究中心可以招募到患有Gulf War illness的退伍患者。由于Gulf War illness在过去25年研究里，集中于创伤后应激障碍（PTSD）上的研究，但是把患者生理上真正的病理忽略了，Gulf War illness目前没有标准的检查和治疗指南，所以陈阳的患者刚开始对医生和医院是极其不信任的。在做论文的第一年，当陈阳告诉他们是来帮助他们探索生理上的病理时，没有患者愿意相信他们，也没有人来配合他们的研究中心。坎坷的科研之路，让陈阳意识到一个医学研发方案无论设计得多好，如果患者和医生之间无法建立信任，无法顺畅沟通的话，那么方案是根本无法施行的。这就是为什么陈阳博士毕业之后，就一直在不同企业单位——Ogilvy CommonHealth Worldwide（Parsippany，NJ）、InVentiv Health（London，UK）和 BioScience Communications，Edelman（London，UK）从事医学教育和交流工作的原因。陈阳曾经还在美国新泽西和英国伦敦担任医学顾问和医学客户经理，奔忙在新药应用、医学教育、医学营销、医学广告和医学方案写作等医学对外的沟通上。在逐梦途中，每当陈阳犹豫不决时，她都会认真地问问自己的初心在哪里，虽然无法改变自己的过去，也无法预知未来，但陈阳坚信她可以把握好当下和每一个今天，在每一个今天里去探索未知的未来。多年的求学经历，让她对科研充满了热爱和敬畏。也让她真正找到愿一生为之努力奋斗的事情——立志为人类社会贡献力量。

7.5 寄语

陈阳对学弟学妹们说：珍惜在学校的每一秒钟，因为它们都将是你最宝贵的财富，要在学好专业知识的基础上，尽可能地增加自己的内涵并做到"专注、坚持、征服"。在最好的年华里做让自己无悔的事情，真实面对自己，勇于面向未来。找到自己人生的目标并且扎实勤奋地不断向前，既然选择了远方，便只顾风雨兼程，不必强求，但不可不求。

陈阳对母校表达：当年青葱的我，秉承母校教导，青青延河水，流过 75 个春秋，哺育万千北理人。伴随着"锲而不舍，敢为人先"的校训，湖工人一路走来，创造着属于湖工的辉煌。聚散多匆匆，各自从容，前学不忘后来人。今日恰逢时光好，恭贺母校寿辰，身为湖工一名昔日的学生，如今的校友，我为母校感到深深的自豪。值此母校建校 70 周年之际，我谨献上我诚挚的祝福，祝湖工人前程似锦！祝母校再创辉煌！

（易苏　整理）

8 湖工初心，科研扬帆——杨侃

8.1 导语

许多人在面对科研所需要付出的巨大时间成本面前谈之色变，因为从小我们从书上看到每一个伟大的科学家，他们无一不是光芒万丈，所以我们习惯性地认为进行科学研究的必须是智力超群的天才。

当儿时立志要成为伟大科学家的梦想尘封多年，我们是否还有再次拾起的勇气？如果现在的你也在询问自己这个问题，那么，在这里给你想要的答案：就算没有超群的智力，没有优渥的教育资源，也可以成为一名科研人员，更靠近科学家的梦想。他就是湖工优秀校友杨侃。

8.2 人物简介

杨侃，湖南工程学院 2006 级优秀校友，曾就读于湖南工程学院材料与化工学院生物工程专业，现任中国科学院脑科学与智能技术卓越创新中心（前中国科学院上海生命科学院神经科学研究所）仇子龙高级研究员实验室的助理研究员。硕士研究生就读于上海东华大学生物化学与分子生物学专业；博士研究生就读于中国科学院上海生命科学院神经科学研究所；2017 年 9 月继续在研究所读博士后。2020 年 2 月博士后出站（图 1-8）。

图 1-8 杨侃

8.3 湖工记忆

2006 年 9 月，杨侃怀着对大学生活的憧憬，第一次踏入湖南工程学院，4 年的大学生活给他留下了难忘的记忆。

杨侃在回忆本科的学习生活时，脸上洋溢着笑容，他说："我十分感谢在校时老师和同学们的关照，在这里我收获了许多愿意帮助我的朋友，还有我的妻子。"他还说："当时有一个叫邱永智的朋友，为了让我安心考研，专门约谈我的其他3个室友，帮我空出了一间寝室。"

那些青春美好的本科学习生活为科研学习奠定了基础，指引他走上科研的道路。

8.4 砥志研思

"选择科研这条路完全是一个偶然的机缘。"

杨侃回忆，大学前两年的生活过得很随意，也找不到目标。直到大三时开设的一门专业课，"老师讲得很有趣，不但能让我们学到专业知识，也让我们领略到了生物技术的神奇和重要。我一下子就喜欢上了这个专业"。

杨侃是张儒老师带的第二届学生。那时生物工程专业刚刚设立，物质条件很简陋，老师们深感任重道远，他们觉得让每个学生学到知识、帮助他们成才是自己的使命。"然而，尽管每一节课都会努力备课，但并不是所有的学生都会积极回应。"张儒说。直到他发现突然冒出来一个真正喜欢听自己课的学生。"他听课非常认真，脑子转得很快，课堂上讲的知识他很快就能全部掌握，而且非常喜欢想问题、问问题，这让我有了更大动力。"从此，杨侃的学习态度发生了很大转变，每课必问、每问必答逐渐成为师生间的常态。

后来的大学生创新课程设计项目中，杨侃加入了张儒老师的团队。杨侃决定选择一个完全开放甚至有点天马行空的课题。"当时我感情上出了点问题，想要放下一段感情但始终忘不掉，所以我想研究'忘情水'。"初次听到杨侃这样说时，张儒老师感到出乎意料之余更感到一丝欣慰，他没有嘲笑这个有些不切实际的幼稚想法，相反，他告诉杨侃，理论上只要在合适的脑区用合适的方法屏蔽掉某些属于情感范畴的痛苦记忆，就能实现"忘情水"的效果。在之后的两三个月里，杨侃组建了一个科研小分队，白天跟着老师做实验，晚上和同学分工去图书馆和网吧搜集外文文献资料，很短的时间里他便提出了"忘情水"的初步设计方案。方案中提出应用当时比较先进的 RNA 干扰技术，针对大脑海马体中与不愉快记忆储存相关的 $PKM\zeta$ 等基因进行特异性屏蔽，通过回忆刺激打开不愉快记忆通路的同时配合给药，理论上能特异性消减这部分不愉快的记忆。

这个看似粗糙的方案其实在理论上是完全可行的，在当时对于一个非神经科学方向的大三学生而言已经是很令人满意的结果了。然而张儒老师只是稍加肯定。杨侃回忆道，"张老师反问我，如果真要实现这一效果，你设计的药物稳定吗？是做成药丸服下还是静脉注射？能真正呈递到大脑的记忆储存区域吗？你如何用实验证明这是有效而且无明显毒副反应的？当时我一听，觉得好神奇，感觉在这一瞬间自己突然推开了一扇未知的门，而我已经站在门口了"。

"湖工是我科研兴趣的起点。"

后来的一个月里，杨侃进一步改进了设计，一一解答了老师提出的问题，更难能可贵的是，杨侃甚至一个人跑去长沙拜访了一位定居美国回来探亲的 RNA 干扰领域的华人科学家，向他介绍自己的设计。但这位科学家并没有觉得这个方案有什么特殊之处。杨侃回忆说："按照他的意思是，第一，我这些都只是推理设计，没有任何实验证据，科研是需要有实验证据的；第二，他在美国西北大学带的研究生、博士生和博士后基本上本科都是来自清华、北大和中科院的优等生，我虽然有热情但是基础还是太差，一眼看上去就是没有受过专业训练的。"

后来杨侃把这次拜访的经历讲给张儒老师听，张老师鼓励他说："在我看来，你是我见过的学生里最适合做科研的！"谁能想到，就因为这句话，杨侃坚定了考研的志向，并且坚信自己也能做出出色的科研成果。巧合的是，后来杨侃博士论文的课题竟然也是在神经系统里阐明 RNA 干扰的机制，他在皮层神经元中发现了 $Mir\text{-}505\text{-}3p$ 基因通过 RNA 干扰途径特异性抑制自噬基因 $Atg12$，从而参与神经元轴突发育调控的全新机制。这项研究以长文形式发表在国际主流期刊 $Autophagy$ 上，打破了东华大学化工生物学院生物学科方向第一单位且独立第一作者发表 SCI 论文影响因子的记录（影响因子 11.2），并分别被中科院神经科学研究所和东华大学官方报道。

进入中科院联合培养后，杨侃迅速获得了仇子龙研究员的赏识。仇子龙研究员是中科院神经科学研究所的高级研究员、基金委"杰青"、中组部"万人计划"和中国生命科学十大进展获得者。仇子龙研究员每次提到杨侃总是颇为得意："他是第一个也是迄今为止唯一一个在组会上被我公开表扬过的学生，他对科研充满无限的兴趣和执着，未来可期！"

这些年来，杨侃在国内外参加过众多国际顶级学术会议，积极且广泛地和全球神经科学领域的众多科学家交流课题。每当被同行问起本科来自哪个学校时，杨侃总会非常自信地告诉他们，他来自湖南工程学院。

8.5 寄语

杨侃想对学弟学妹们说：科研这条路很漫长，需要我们坚持一辈子，需要坚持湖工"锲而不舍、敢为人先"的精神。只要相信自己，坚持梦想，就一定能破除前行路上的藩篱阻碍，实现自己的梦想。

杨侃想对母校表达：不论走到哪里我都会记得——湖工是我科研兴趣的起点。饮水思源，永难忘怀。在母校华诞来临之际，祝愿母校的未来更加辉煌！

（黄赛金　整理）

9 赤子之心，奋发有为——朱思昊

9.1 导语

进入 21 世纪，科技不断发展，技术不断发生变革。新世纪的接力者们如今已经扛起了民族的旗帜，带领着中国不断前进。湖南工程学院与时俱进，不断改革教学方式，以更加开放、包容的态度培养出一批又一批优秀的湖工学子。毕业后的他发挥着自己的专业特长，工作上不断进取，施展着自己的才华。他是新时代大众创业万众创新大旗的接力者、湖工优秀校友朱思昊。

9.2 人物简介

朱思昊，湖南工程学院 2016 届优秀校友，曾就读于湖南工程学院应用化学专业，现任湖南汇虹试剂有限公司总经理，自担任公司总经理以来，朱思昊坚持以"诚信经营、不断改善、克勤克俭、永续经营"为理念，坚持改革创新依靠科技进步与科学管理，使企业先后荣获了"高新技术企业""湖南省新材料企业""长沙市智能制造试点企业"等荣誉。朱思昊还与湖南工程学院共同创立了"汇虹奖学基金"，每年向品学兼优、家庭困难的湖工学子献出一份爱心（图 1-9）。

图 1-9 朱思昊

9.3 湖工记忆

2013 年，懵懂的朱思昊怀着期待与美好的愿景踏进了大学校园。大学期间，他认真学习专业技能，掌握了扎实的专业知识，并能把理论知识运用到实践中去，期末总评成绩名列年级前茅，获得二等、三等奖学金各两次，荣获"校级三好学生"称号。朱思昊所学专业是应用化学，能熟练掌握各种基本实验操作，并且有独特的总结经验的方法。同时，他也能发扬团队精神，帮助其他同学，把自己好的学习经验无私地介绍给其他同学，和同学共同发展，共同进步。

出于个人爱好，朱思昊入校后便参加了校书画协会，由干事到副会长，这是大家对他付出与努力的肯定。他组织的跨校联谊活动，达到预期成果，受到师生首肯，个人被评为现场书画大赛优秀领队，他所在的社团被评选为优秀学生社团。静如处子，动如脱兔，181 cm 的身高和出众的球技，使他成为院篮球队主力小前锋，与队友一起挥汗，品味胜利。此外，他在担任班团支书和辅导员助理期间积极服务同学、表现出色，荣获"校级优秀学生干部"称号。每次回想起校园生活，他总说那是他最充足、最快乐的时光。

9.4 创业经历

2016 年，朱思昊从湖南工程学院毕业后，来到了湖南汇虹试剂有限公司。起初的他只是一个小小的试剂配试员，但是他赶上了好时机，正好公司为满足客户对优质试剂产品的需求，结合自身发展的需要而招贤纳士，朱思昊毛遂自荐，在众多竞争者中脱颖而出，成为"汇虹牌"通用试剂产品的主要负责人，在他的严格监督下项目生产的产品没有一点瑕疵，且让公司获得由湖南省质量技术监督局颁发的"连续五年产品质量监督抽查合格企业"荣誉称号。

意气风发的朱思昊继续刻苦钻研相关试剂产品，他在公司的声望一天比一天高，同事们都亲切地称呼他为"朱导"，公司总经理也看到了他的才华，安排给他一项又一项任务，他也越来越受到公司的器重。

2018 年，朱思昊被任命为湖南汇虹试剂有限公司总经理助理，在担任助理期间，他不但能很好地完成试剂的研发任务，在行政方面能很好地处理公司的各种大小事务，在人际交往方面也能很好地和大家打成一片。

2020 年，朱思昊被任命为湖南汇虹试剂有限公司总经理，公司越来越好，成为"高新技术企业""湖南省新材料企业""长沙市智能制造试点企业"，是省内外各大型制药、化工、高校、科研单位、军工企业指定采购的供应商。

除了心系公司发展，工作之余朱思昊秉承"吃水不忘挖井人"的品德，一直牵挂着自己的母校。2020 年新冠肺炎疫情席卷全国，为了母校莘莘学子的校园生活能有健康保障，朱思昊与公司成员一同来到湖南工程学院，提供了大量的医用口罩，为学校防疫工作的顺利开展做出了关键性贡献。

一个公司的发展不但需要领导者灵敏的嗅觉，他的人情味也是起到决定性作用的，朱思昊就是这么一个高情商的人。朱思昊相信在他的不懈努力下，公司一定会做强做大，走出中国，迈向世界。

9.5 寄语

朱思昊想对学弟学妹们说：20岁值得所有破坏和重来，做所有你想要做的事，如果失败了就全部推翻重来。没有人天生就知道自己应该做什么、适合做什么，你需要一点点去尝试、去接触不同的领域、去创新。不要沉浸在安逸区，打碎自己重新构建，才能看到新的世界。大学生活是一个人一生中最美好的时光，4年时间一晃而过，无论做什么，希望学弟学妹们都能珍惜时光，不要虚度。

朱思昊想对母校说：大学4年，承蒙关照，母校的一草一木都承载着我的美好回忆，真情涌动，祝愿母校，积历史之厚蕴，更展宏图，再谱华章！

（易苏　整理）

第二篇
优秀校友创业篇

篇 章 导 读

"创业"离我们有多远?

创业,是件激动人心的事,是体现自我价值的过程,是实现梦想的重要途径。校友陈建军告诉我们,人生征战无止境,跃马扬鞭不停蹄,创业是勇敢者的代名词;校友龙德华告诉我们,三百六十行,行行出状元,坚持不懈就能在自己的领域熠熠生辉;校友易旭告诉我们,不畏艰难,敢于尝试,执着是成功的养料……

"创业"其实离我们并不远。不见高山,不显平地;不见大海,不知溪流。生命内涵的所在,远不是只有浅浅的涟漪,还有汹涌的波涛和腾起的巨浪。正是有了这些,才让人生显得丰富多彩,也正是在那崎岖的道路上砥砺前行,才能彰显生命的活力。作为学生只有夯实专业基础,未来才能屹立在大众创业、万众创新的潮头,把握机遇,书写青春的华章。

1 开拓创新,致富思源——陈建军

1.1 校友简介

陈建军先生为湖南工程学院材料与化工学院染整工程(现轻化工程)专业84051班校友,现任益阳市人大代表、益阳市贸促会副会长、湖南省中小企业协会副会长、中国家用纺织品协会理事等职,先后获得"湖南省优秀非公有制经济企业家""湖南省救灾爱心人士""益阳市第二届年度杰出经济人物"等荣誉。

陈建军创立了3家纺织印染企业(益阳龙源纺织有限公司、湖南吉祥家纺有限公司、湖南宏亮纺织有限公司),拥有58项国家专利,生产的纯棉和超细纤维印花毛浴巾、沙滩巾等家纺产品远销欧盟、美国、日本等30多个国家和地区,旗下公司为湖南省农业产业化龙头企业、湖南省"小巨人"企业,是Disney官方授权制造商、Wal-Mart产品供应商,与Target、Amazon、Primark等国际知名企业建立了良好的合作关系,连续多年蝉联湖南省毛巾出口创汇首位(图2-1)。

图2-1 陈建军

1.2 创业故事

(1)辞职下海,自主创业显身手

1986年,陈建军从湖南工程学院材料与化工学院染整工程专业毕业后分配到原益阳苎麻纺织印染厂,工作中他兢兢业业,表现出色,先后担任印染技术工程师、印染分厂营销负责人、厂长等职。1992年国有企业体制改制,陈建军毅然下海,从事化工染料的销售工作,凭着敏锐的市场洞察力和敢闯敢拼的实干精神,他把生意做得风生水起,在曲折的创业道路上打拼出属于自己的一片天空。

凭借在行业内多年摸爬滚打的工作经历，他深深地爱上了这一行业，萌生了为家乡经济建设多做贡献的想法。通过对国内外市场的反复考察，他发现沙滩浴巾在欧美国家十分走俏，极具发展前景。2004年，陈建军克服重重困难，创建了益阳龙源纺织有限公司。在艰辛的创业道路上，他坚持"科技兴企，人才兴企，名牌兴企"的发展战略，用执着和责任描绘出了美好的发展前景，机遇再一次把他推向事业的高峰。

（2）开拓创新，科学发展创辉煌

陈建军认为，一个成功的企业背后，必定有一支精干高效、锐意创新和扎实肯干的经营队伍。他注重员工的品格和能力培养，要求员工具有敬业精神和开拓能力，具有强烈的事业心和责任感，他建立了"以文化凝聚人才、以薪酬激励人才、以机制留住人才、以事业造就人才"的理念，实现员工与企业共同发展。

陈建军常说"思路决定出路，高度成就卓越"。

他在公司大力推行精细化管理，时刻以"不是客户要求太高，而是我们自己工作不足"鞭策自己、告诫公司；把"品质放心，交货及时，服务周到"作为公司永远的追求；他始终奉行"员工就是亲人"的关爱理念，在思想上、工作上和生活上关心员工，用真诚赢得了员工的信任和尊敬。

多年的市场博弈，他深谙品质是企业生存之本。2006年，在陈建军的牵头下，他的企业与他的母校——湖南工程学院建立了产学研合作关系，并陆续组建了"湖南省生态纺织材料及染整新技术企业技术中心""湖南省生态纺织品材料及绿色加工技术公共服务平台"，企业创新开发的双面印花、闪光印花、缎档割绒印花等技术填补了国内毛巾行业的空白，产品质量达到国际先进水平。过硬的质量，诚信的服务，赢得了广大客户的信赖，公司逐步成为 Disney、Target、K-mart、Wal-Mart 等多家国际知名品牌的授权制造商和产品供应商，公司的市场影响力和品牌效应越来越明显。公司渐入佳境，扬帆远征。他管理的3家企业自2005年以来得到了飞速发展，企业员工由40多人发展至现今的近500人，资产由800多万元跃升至5亿多元，连续数年蝉联湖南省毛巾产品出口创汇首位，为地方经济的发展做出了积极贡献。

（3）辐射引领，彰显企业社会责任

陈建军常说："作为一家企业，在创造经济效益的同时，更要担负起社会责任。一个成功的企业家，更要有良知和社会责任感。"他是这么说的，也是这么做的。他希望通过公司的示范与引领，让更多的企业关注高质量发展。

陈建军投资建设的"年产2万吨高档生态毛浴巾绿色智能制造技术升级改造建设项目"是湖南省重大产业建设项目、湖南省制造强省工程，项目通过引进先进的智能制造装备和软硬件系统的深化应用，提升生产过程的信息化、智能化水平，依靠技术进步、管理改善和提高劳动生产率，实现毛浴巾的智能化、清洁化、生态化生产，解决了纺织产品多品种混流生产过程优化与控制的行业难题，构建了一种纺织印染类产品智能化生产的全新模式和业态，为纺织企业转型升级树立了典型。

种瓜得瓜，种豆得豆。陈建军和他的公司有了新的收获，因为工艺流程绿色、智能、高效，增强了企业在国际市场上的竞争力，更使公司产品享誉中外。

（4）致富思源，一枝一叶总关情

"资源是社会的，财富是身外之物，个人拥有了财富，就更应该回馈社会"，这是陈建军常说的一句话。他一直在用实际行动奉献自己的爱心，回报社会。他的公司里绝大部分员工都是来自国有企业、集体企业的下岗失业人员和农村的剩余劳动力，为社会解决了近500人的就业问题。他还特别对12户特困户和20多对困难夫妻进行了专业技术培训，并在企业安排适当的岗位。近年来，陈建军先后出资1000多万元为家乡敬老院修缮房屋、为中小学添置文具器材和平整操场；为公司周边100多户农民安装自来水；为汶川地震、洪水灾民、新冠肺炎疫情捐款捐物；资助寒门学子完成大学学业；为益阳市赫山区慈善总会、教育基金会捐款数百万元……当别人称赞他的善举时，他说：我的今天，得益于党和政府富国强民的政策及社会各界的支持，我只有致富思源、富而思进、义利兼顾、德行并重才能更好地发展我的企业，更好地促进社会和谐发展。

1.3 创业感悟

人生征战无止境，跃马扬鞭不停蹄。陈建军用自己的行为向世人诠释：一个人的起点无所谓，理想很重要；困难无所谓，坚持很重要；大小无所谓，发展很重要；人言无所谓，心态很重要；钱财无所谓，责任很重要。陈建军以自己越挫越勇的刚毅性格，回报社会的创业初衷；以人为本的治厂方略、诚实守信的经营之道、刚柔相济的领导艺术，驾驭着自己亲手创办的企业航船，在市场经济的大海中，朝着成功的彼岸，正乘风破浪、扬帆远航……

（陈镇　整理）

2 专业情怀,创业梦想——龙德华

2.1 校友简介

龙德华先生为染整工程专业84051班校友。现任湖南工程学院纺织行业校友会会长、绍兴湖南商会副会长。曾任广东四会市墩煌纺织染整有限公司副总经理、杭州大自然科纺染整有限公司董事兼副总经理、浙江明盛集团杭州浩然纺织科技有限公司常务副总经理。

龙德华分别于2011年和2013年创建了绍兴红锦天纺织品有限公司、绍兴德圣纺织科技有限公司。公司位于亚洲最大的纺织基地、中国轻纺城所在地——浙江绍兴,公司致力于时尚高端针织面料的制造与销售,在浙江萧绍地区、广东、江苏等地拥有合作的生产基地。已成为国内外知名服装品牌,如ZARA、优衣库、玛莎、哥弟、曼德诗等品牌的面料供应商(图2-2)。

图2-2 龙德华

2.2 创业故事

1986年龙德华毕业并参加工作,他被分配到永州一家地方国有企业,从默默无闻的化验室化验员做起,再到车间学徒,兢兢业业、一步一个脚印,最终走上领导岗位。到20世纪90年代,随着沿海私营经济和集体经济的发展,内地的国有企业逐渐失去了竞争优势,工厂的订单越来越少,竞争力越来越弱。到1994年年初,他大胆地做出了一个决定,南下打工。

刚过完春节,龙德华随着南下打工的队伍来到了广东顺德,晚上睡车站白天走路找工作,历经艰辛,终于找到了一家染厂。他再次从实验室打样工作做起,而后到车间对色,工资也从800元增加到了1350元。到了年底,这家工厂被一个私人老板承包(现在想想那间工厂应该是国内印染企业里面第一家被承包的国有企业），很多人不能理解而纷纷离开了这家工厂，而他仍在坚持上班，老板看在眼里，发现他工作勤勤恳恳、任劳任怨，很快将他提升为生产副厂长，并大涨了工资。1998年，他到广东四会的一家染厂做厂长，年收入大概是30万元，而这家工厂在他的管理下，很快成为行业的标杆，很多优质的客户慕名前来合作。

2003年，怀揣着创业梦想的龙德华跟几个朋友自主创业，承包了一家纺织印染厂，第一个月就创造了净利润100万元的收入。同年，他来到四会筹建广东四会墩煌纺织有限公司，担任主管生产的副总经理一职，开工的第一年便实现了超2000万元的利润，让广东染整同行刮目相看。公司老板也凭借这家染整工厂的支持，在中大轻纺城市场上布行的销售体量跃升到了前五的位置，而他的工资也达到了150万元/年。

2007年年初，不忘创业初心的龙德华来到浙江，同几个朋友承包了杭州一个集团公司的针织染整车间，5台定型机生产线。当时绍兴纺织面料中的棉针织市场才刚刚起步，外单需求旺盛，车间第一年就创造了毛利润5000万元的业绩，在当地引起了巨大轰动，由于车间现场5S管理非常到位，绩效管理措施有效，生产井井有条，生产效率很高，全国各地几十家染厂同行前来参观学习。由于龙德华在行业里的名声较大，陆续被当地的企业聘请去筹建工厂，从产品定位到工艺设计，以及设备定位到厂房建设，他积累了大量丰富的实践经验和原始数据，并运用于实践当中，经过他的布局安排，工厂在后期的生产运作过程当中流程顺畅、生产效率高、成本低消耗少，在行业中往往都是领先几步。龙德华在当地留下了较好的声誉，到目前为止，他创建的两家印染企业均成为行业的标杆。

2011年龙德华再次创建了两家纺织品贸易公司，先后获得多项专利授权，公司经常参加国内外的面料展览会，产品受到国内外广大客户的青睐和好评。公司与国际国内知名服装品牌有良好的合作，如ZARA、优衣库、玛莎、曼德诗等。

2.3 创业感悟

（1）做一个对专业、对行业有情怀的人

有人说他是打工皇帝，也有人说他是染整界精英，他觉得自己只是一个对纺织印染有情怀的人！很多在纺织行业里创造了财富的企业家，转而去做房地产、做金融贷款公司，到最后几经折腾之后还是回到了给他们赚取第一桶金的纺织印染行业里，而龙德华自始至终在自己钟情的纺织行业里不遗余力地奋斗着。

纺织业是一个传统行业，更是一个刚需行业。在国家改革开放初期，对国民经济的贡献是非常高的，他们这一代人亲眼见证了我国纺织市场从无到有、从单一到多品种、从清一色到个性化，从国内国际发展形势来看，纺织行业作为刚需行业，仍然有很大的发展空间，纺织行业未来仍然可期。

（2）三百六十行，行行出状元

科技发展到今天，涌现出大量的新生事物，衍生出很多新的工作岗位、新的职业发展方向。互联网、网络直播、微信、抖音、人工智能、虚拟现实等，很多年轻学子随大流，放弃自己积累了4年的专业，投身崭新的领域，追逐时尚潮流。但是衣食住行永远是人们生活中永恒的话题和不可或缺的部分，不管高科技、媒体、网络怎样发展，最终还是要落地到人们的生活和工作当中去，而最基础的纺织、化工行业就是高科技新生事物的承载者，三百六十行，行行出状元！大家不必都挤到那拥挤的赛道上去竞争，在自己熟悉的领域里坚持、坚持、再坚持，一定会创造出比前人更高的成就！

（陈镇　整理）

3 不惧艰难，常怀感恩——易旭

3.1 校友简介

易旭先生是湖南工程学院材料与化工学院化学工程专业93331班优秀校友。1993年9月进入湖南纺织高等专科学校（湖南工程学院的前身之一）染化系化工专业学习，次年加入中国共产党，1996年毕业。现任湖州金骎印染实业有限公司散毛分厂厂长。

湖州金骎印染实业有限公司，2003年建于湖州市南浔经济开发区华侨投资园区，公司主要从事各类纱线及散纤维染色生产加工，是优衣库、H&M的优质供应商，年产值2亿多元，2020年湖州市南浔区税收50强，亩均税收10强（图2-3）。

图2-3 易旭

3.2 创业故事

临近大学毕业时，恰逢浙江嘉兴化肥厂来校招生，很幸运，1996年夏天，易旭来到了中国共产党的诞生地——嘉兴南湖之滨的嘉兴化肥厂。在化肥厂做了两年技术员后，由于化肥行业不景气，1998年化肥厂破产了，只能自谋职业了，由于自己是染化系（现材料与化工学院）毕业的，很快就在嘉兴人才市场找到了一份印染厂打样员的工作，从此进入了纺织印染行业。2001年，香港亚非纺织集团在大陆招聘毛纱QC，需要有染厂技术员经历，由此易旭成功应聘亚非毛纱组；2003年由于集团业务的突飞猛进，需要染厂配套相关业务，集团2003—2005年在湖州市南浔区新建了湖州金骎印染实业有限公司，公司建成后易旭担任散毛分厂车间主任、厂长等职。2010年机缘巧合，易旭从湖州金骎印染实业有限公司离职，开始在苏州进行纺织印染方面的自主创业，2018年由于香港亚非纺织集团领导层经营策略的转变，湖州金骎印染实业有限公司需要租赁重组。易旭得知消息后,由于他对公司基础情况很熟悉,且对公司仍然怀有感情,同时对行业、对市场也还是有信心的,于是在 2018 年年底,易旭接手公司,担任湖州金骡印染实业有限公司印染散毛分厂厂长,带领公司重新整装出发。

从港资企业香港亚非集团离职后自主创业至今已有 12 个年头了,在这十几年的创业道路上有诸多曲折和故事,在团队的不懈努力下,企业一步一步地走上了健康发展的道路。2020 年,湖州金骡印染实业有限公司印染散毛分厂染色加工产量 3000 吨,加工产值 3000 多万元,其中羊绒加工 500 多吨,在羊绒行业占有一席之地。

下面跟大家分享两个让易旭先生本人记忆犹新、刻骨铭心的故事。

(1)良好的服务,长远的眼光

2016 年 9 月左右,有一个当初还做得不怎么样的做羊绒的客户在公司染色,有一个外单,订单量很小,两三个颜色加起来才一二十千克,但订单很急,当时毛衣厂在深圳,寄快递都来不及,客户要求易旭他们当天派人坐飞机过去。说实在的从内心讲公司不太愿意,因为客户不是他们的大客户,这个订单又不赚钱,还要贴飞机票,想想都不划算。后来易旭团队经过讨论,认为不管订单大小还是要先服务好客户,要从长远考虑,最终决定派专人"打飞的"送货。经过几年的发展,这个客户羊绒现在做得很大、很好,在羊绒界很有名气,由于易旭团队早期的良好服务,双方已成为重要的合作伙伴,这个客户也成为他们公司最大的利润客户。

(2)不畏艰难,勇于尝试

2019 年 3 月,德国零售业巨头 ALDI(阿尔迪)集团有一个丝羊绒订单,订单量很大,由于价格原因,必须使用再生原料,而再生原料可能存在潜在的化学品问题。当时好几个工厂都打了样,测试都不合格;易旭也打了一次试样,到上海 BV 测试也不合格,中间商几乎要放弃这个订单了,但又有点不甘心,中间商老板出于对易旭的信任就让他想尽办法再做最后的尝试。当晚他们组织技术人员采用不同的工艺连夜再次做了 3 个样品,第二天一大早易旭亲自带样品去上海测试公司加急测试,下午结果出来了,有一个样品通过测试,因而这个订单就被顺利拿下了。有了这次合作,当年 ALDI 又给了公司好几个羊绒订单,纱线总金额超 3000 万元。2020 年,在欧洲疫情严重的情况下,公司的外贸订单不减反增,因为 ALDI 是做超市的,他们的业务不受疫情影响。

3.3 创业感悟

人尽量不要背离自己的专业特长。易旭 1996 年从湖南工程学院染化系化工专业毕业,在化工行业里摸爬滚打 25 年,无论是最初的嘉兴化肥厂,还是后来的湖州金骡印染实业有限公司,都是在大化工这个圈子里,原因就是这是他的专业饭碗,他的一技之长,25年的信息、资源大部分都在这个圈子里,相对来说更加让他如鱼得水、游刃有余。

用心对待每一位客户,尤其是中小客户。每个人都有一个成长、壮大的过程,我们的客户也是一样的,不要因为客户在成长初期不强大而看不上,相反,能够及时施以援手,给予帮助,让客户快速成长、壮大,其实也是促进我们自己的壮大、成长,从而形成更为稳固的客户关系。

(邓人杰 整理)

4 深扎行业,创造品牌——佘再平

4.1 校友简介

图 2-4　佘再平

佘再平先生是湖南工程学院材料与化工学院化纤工程专业 93321 班优秀校友,同时佘再平也是湖南工程学院爱心社的创始人之一。1993 年 3 月 5 日,在院系领导和广大校友的支持下,佘再平、王军辉等人组织成立了"学雷锋,送温暖"小组,并于 1994 年 7 月 7 日正式改名为爱心社。1994 年 11 月 7 日,佘再平、王军辉等人的爱心社活动及事迹在 CCTV-2 栏目播放,引起强烈的社会反响。

2017 年,佘再平先生创立浙江鹿达科技有限公司,公司坐落于风景秀丽的浙江省省级化工园区——湖州市长兴县和平镇城南工业园区内,公司秉承"绿水青山就是金山银山"的理念,致力于建设低排放、低能耗的绿色环保型精细化工厂(图 2-4)。

4.2 创业故事

1996 年,佘再平毕业后来到厦门经济特区一家国有企业从事技术方面的工作,3 年后他来到福建泉州一家化学纤维厂做技术人员,因为工作出色升任管理岗位,任职期间,公司业绩非常好,被任命为厂长。2002 年,佘再平来到广州某企业从事有机化纤销售工作,一共做了 15 年,至离开创业时已经成为主要股东之一。2017 年,佘再平与志同道合的伙伴一起成立公司,创立鹿达科技品牌。

(1)学一行专一行,几十年如一日

从 1996 年毕业至今,佘再平一直在化纤行业工作,从一位普通的技术人员开始做起,用自己扎实的专业知识和踏实的态度,短短 6 年坐到厂长位置。他管理能力强,业绩出色。

他又再次挑战自己,进入化纤销售行业,一做就是10多年。这10多年时间,他不仅在工作中把自己的专业学得更扎实,还对行业市场了解得更透彻,为创业成功打下坚实的基础。

（2）深扎行业,勤学苦练,成为行业专家

在他工作的25年里,从来没有离开过化纤专业,没有离开过客户,一直奋斗在行业的最前沿。通过多年一线的工作经验,对于行业的业务流程非常熟悉,对于行业的技术发展方向非常清楚,对于国内外客户的需求非常了解。大到公司发展的战略制定,小到企业内部制度,他都了如指掌。这不是一朝一夕可以做到的,而是只有亲身经历几十年的工作历练,才有可能达到。既是创始人,又是行业专家的人很少,他就是其中一位佼佼者。

（3）敏锐的洞察,独特的眼光,成就鹿达科技

成立公司,进行创业,不是一件容易的事情。创业成功更是难上加难。他利用代理德国产品的机会,了解整个国内外化纤市场,尤其是近几年国内快速发展的市场,佘再平敏锐地捕捉到,国内全部靠进口的时代即将过去,国内品牌崛起的机会到了。之后他与几位行业内合作多年的精英朋友们一起创立公司,打造自己的品牌——鹿达科技。他用自己独特的眼光、专业的经验,带领鹿达科技取得在国内市场占有率稳居第一的傲人业绩。这只是一个开始,未来更广阔的国际市场在等待着鹿达科技。

（4）国产受打压,激起爱国情,创造第一品牌

是什么促使一位工作15年的公司股东,毅然决然地辞职去创业,白手起家？是因为爱国之心。2017年特朗普当选美国总统后,与中国之间的贸易摩擦不断升级,并蓄意打压华为等民族企业,禁止华为与AT&T签约,禁止华为手机进入美国等。这些让佘再平陷入深思,中国只有自己强大起来,才能不受强国的欺压；同时,中国化纤绝大部分靠进口的局面也必须改变。"那就让我成为那个改变的人！"正是这样的信念,让他创建鹿达科技,并奋发图强,用质量和服务撕开一个口子,打破长久以来的僵局,把中国自己的品牌做到了第一的位置。这种爱国激情,让我们敬佩不已！

4.3 创业感悟

（1）让专业成就职业

从毕业到现在,虽然换过几家公司,包括最终自己选择创业,我一直没有离开过自己的专业。从进入母校学习化纤专业到毕业后第一份工作,我从没有怀疑过自己专业的就业前景、发展前景等,我常想的就是如何将专业学得更好,将技术弄得更通,将生产

做得更精,这也许也是我们这一代人的特色吧,包括今时今日,班上多数同学仍然从事这个行业、热爱这个行业、奉献于这个行业,成为这个行业里的专家,并且生活得很好!

(2)用爱心创造品牌

很庆幸当年大学期间,和舍友、同学一起创立了爱心社,现在成了湖南工程学院响当当的社团、名片和品牌,感谢一代又一代爱心人士多年来的爱心延续和传承。进入社会后,我对母校的爱心、对专业的爱心,渐渐汇聚成爱国之心、创业之情,这也一直成为我的团队奋斗、前行的动力。用好专业、做好企业,实业报国将是我未来余生的孜孜追求,我将继续用爱心打造好品牌、用爱心经营好企业、用爱心回报国家和社会!

(陶强 整理)

5　坚持学习，科技创业——曾拥华

5.1　校友简介

曾拥华先生是湖南工程学院材料与化工学院精细化工专业96313班优秀校友。高级工程师，拥有近30项发明和实用新型专利，现任深圳市前海泰保实业发展有限公司董事长、东莞市泰赛特汽车用品科技有限公司总经理、翁源泰得利新材料有限公司总经理，同时担任广东省湖南商会摩配行业分会理事、东莞邵商企业服务中心理事（图2-5）。

东莞市泰赛特汽车用品科技有限公司成立于2010年6月，总部位于国家级科技孵化中心——东莞市南城高盛科技园，集团业务涉及气雾剂、汽车用品、塑胶加工、模具设计与制造、进出口贸易、投资等。深圳市前海泰保实业发展有限公司成立于2015年11月，总部位于深圳市前海深港合作区，公司主要经营汽车配件、净化设备、自动化设备、机械零配件的销售和技术开发。翁源泰得利新材料有限公司成立于2017年8月，公司位于广东省翁源县翁城镇华彩化工涂料城，公司主要经营轮胎修补材料、防腐材料、防水材料、粘胶高分子材料及涂料、汽车、家居、工业用清洁养护用品等。

图2-5　曾拥华

5.2　创业故事

（1）湖工求学，奠定基础

1996年，曾拥华进入湖南工程学院（原湖南纺织高等专科学校）材料与化工学院精细化工专业学习，在校期间，在学习专业的同时积极参与学校各种活动，先后担任副班长、染化系学习部部长、学生会副主席等职务，毕业时获得"湘潭市优秀毕业生"称号，为日后工作打下良好的基础。

（2）不断学习，追求发展

毕业后，曾拥华进入以一个精细化工为主，涉及多个学科综合的细分行业——气雾剂行业（行业协会在中国包装行业气雾剂行业分会）从事生产管理工作。虽然有化工专业基础，但是有限的课本知识根本无法满足现代化管理的需要。面对新的挑战，他主动自学管理和相关专业知识并参加生产、会计、物流管理等相关学习，在此期间获得南开大学管理学自考本科学历、学士学位、清华博商EDA课程结业证书等。

（3）坚持行业，积累资源

1999年5月4日，作为实习生的曾拥华踏进了深圳市彩虹气雾剂制造有限公司（后上市改为彩虹精化和兆新股份）的大门，从此结缘气雾剂行业。刚好遇到公司搬迁新厂，在此期间公司引进近30名应届毕业生，其中包括中科院的化学博士及硕士研究生十几名，其余大部分为985和211学校的本科生，作为专科毕业、学历不占优势的他，从基层开始，脚踏实地，一步一个脚印，不断地学习和提升自己，从计划调度到车间主任，再到基地总经理助理。作为行业的龙头企业之一，在不断提升自己专业能力的同时更是结识了后来成为行业精英的一批同事，为自己创业积累了一定的资源。

2005年7月，在彩虹精化做满5年工作，曾拥华在同事的邀请下，协助其开始在气雾剂行业外贸领域创业，担任外贸公司的副总经理，负责采购供应链、技术研发和质量把控，期间接触到更多的同行。

2010年6月底，感觉打工已经到了天花板的他，决定自己创业，从一线城市深圳来到当时的二线城市——东莞，曾拥华成立了自己的第一家公司——东莞市泰赛特汽车用品科技有限公司。起步比较艰难，曾拥华从在一个小作坊给别人加工开始，慢慢做起来。在积累过程中，公司于2012年获得"东莞市民营科技企业"称号，2017年获得"国家高新技术企业"称号。同时，公司与湖南工程学院和华南农业大学开展产学研合作，2017年在学校、学院领导的支持下，实现了老师的发明专利成果产业化，利用其专利技术，公司开发了家用护理系列气雾剂产品并取得良好的市场反馈，织物防水喷雾剂目前已经出口十几个国家和地区，产品质量达到或者超过3M等同类产品。

2017年，曾拥华在韶关翁源华彩化工园购置土地25亩，开始二次创业，建设规范化的精细化工厂——翁源泰得利新材料有限公司，2021年5月，建筑面积超过1万平方米的韶关工厂正式投产，设计产能为5000万只气雾剂产品，为公司持续发展提供了强有力的保障。

5.3 创业感悟

从深圳到东莞,再到粤北山区小镇,是产业的转移趋势,更是化工行业的发展方向。虽然我们起步比较晚,企业规模不是很大,但是作为一个坐绿皮火车来到广东打工的穷学生,到拥有自己的一份小小事业,已经非常满足。国家从战略出发,限制产能,迫使企业产业升级,精细化工行业首当其冲,对于我们来讲是挑战,更是机会。

一路走来,从一线城市深圳到二线城市东莞,再到粤北小镇,尽管曲折,但是为了心中的梦想,我们毅然耕耘在一线。

(邓人杰 整理)

6 创新技术，精益生产——周皓镠

6.1 校友简介

图 2-6 周皓镠

周皓镠先生是湖南工程学院材料与化工学院化学工程与工艺专业 0201 班（分析化学方向）杰出校友，天津市贝特瑞新能源科技有限公司总经理、天津市新型企业家、天津市电池行业协会副理事长、湖南工程学院硕士专业学位研究生企业指导教师。周皓镠先生毕业后一直从事新能源行业，深耕、扎根新能源行业 10 余年，取得了众多创新性成果，实现多种新材料的产业化，有力地推动了新能源行业的发展（图 2-6）。

天津市贝特瑞新能源科技有限公司成立于 2000 年 8 月，隶属于上市企业中国宝安集团股份有限公司，是集基础研究、产品开发、生产销售锂离子二次电池用正负极材料于一体的国家级高新技术企业，2020 年 7 月晋级新三板精选层。作为全球行业领先的锂离子电池负极材料供应商，贝特瑞负极出货量连续 8 年全球销量第一。公司拥有全球行业领先的负极材料完整价值产业链，覆盖了以松下、三星 SDI、LGES、SKI 及村田等为核心的国际主流客户群体，也覆盖了以宁德时代、国轩高科、力神、亿纬锂能及鹏辉能源等为代表的国内主流客户群体，取得领先的市场地位。公司主导及参与制定新能源、新材料相关的国家、国际标准 19 项，授权专利 279 项。

6.2 创业故事

周皓镠先生自 2006 年从湖工毕业后就进入贝特瑞工作，因所学专业方向为分析化学，所以他负责材料仪器测试工作，通过半年的学习，逐渐开发出一系列测试方法用于材料系统的性能评测，之后进入品质管理部门工作，深入品质管理一线，学习六西格玛品质管理工具并导入锂电负极材料生产管控体系。

当时锂电行业刚刚起步，材料性能赶不上日本进口的材料，产品过程管理混乱、品质稳定性差严重制约着产品的发展。课本的学习并不能真正地成为个人的能力，只有经过残酷的锤炼才能取得真经。回想与三星的合作，每天只有2小时休息时间，白天开会及现场检查，晚上编制材料及现场整改，周而复始持续一个月，间隔一个月整改再进行下一轮审核。一年的时间，真正能扛下磨炼的人寥寥无几，但最终成果却是惊人的，产品的性能得到迅速提升，终于成功导入韩国三星供应链体系，开创了国际客户的合作先河。没有任何事情能够一蹴而就，也没有任何事情是一帆风顺的，只有经过灵魂的考验，才能让人达到一个新的平台。

通过母校4年时间学到的系统化学知识，他明白做事先从原理入手，明白为什么要这么做，锻炼出的分析问题、解决问题能力，以及树立的"锲而不舍、敢为人先"的人生观、价值观，使其终身受益。

随着业务能力的提升，周皓镠先生陆续调任多个分公司从事高管工作，这是从具体的专业技术管理岗位转到公司经营层面的管理工作，他深知这种转变，需要自己承担更大的压力，要具备更加敏锐的洞察力和前瞻力，以及发挥"筚路蓝缕，以启山林"的创业实干精神。

在惠州公司任职的7年时间里，项目从挖山填湖开始，到之后的规划设计、厂房建设，这些都是在大学4年专业课程里没有学习过的，看懂设计蓝图、造价数据、工程建设控制点，这些都需要从零开始。活到老学到老，任何事不一定精通，但遇到了一定得学得懂，这是在工作中所获得的书本上学不到的经验。

天津项目是一个老大难问题，项目投资大、产品成本高、性能竞争性不足，公司经营持续亏损。要解决这个问题，得先从根本入手，公司有什么、能做什么、市场要什么、缺什么。明白这些后就开始整顿工作，对内抓团队效率、抓流程建设、成本管控，精简流程，填补漏洞，同时淘汰一批批的落后人员，留下精兵强将，为后续业务增长做铺垫。在业务经营上，公司应收、应付款额巨大，供应商因欠款供货不积极，客户因产品供应问题不积极付款，这是一个恶性循环，要破解这个循环，首先解决应收账款问题。主要方向清楚了，应对措施就会产生。供应商处一系列措施游说并承诺付款以解决供应问题，客户处多方面运作解决应收款项到期兑付，用半年时间在客户与供应商之间周旋，使得应付款从逾期7000余万元减至零逾期，在供应商中的口碑迅速提升、保供意愿增加，客户交付能够保证，并用两年时间解决资金流问题，成功将一个亿贷款缩减为零，实现零贷款、零逾期的有序经营。

产品的竞争性体现在性价比上，同样的产品更低廉的价格，同样的价格更优质的产品，而公司利润是性价比与成本之间的差额，明白这点后即开始产品的开发。之前几年的工作，在碳素圈积累了不少人脉资源、原料资源，因此，在产品原料开发、生产工艺优化上得心应手，随着各类型原料的导入使用、各种生产工艺的优化改量，使得产品生产成本大幅降低，产品毛利迅速提升，用两年的时间扭亏为盈，并在第3年实现1000余万元净利润，2022年更是有望突破6000万元利润关口。

在品质部门工作，使他明白什么事能做，什么事不能做。企业的经营也让他明白没有什么事是不可能的，办法总比问题多。变，是世界上一成不变的真理。

精益生产、持续改善和新产品的产业化是保证企业正常运作的根本，面对企业的未来，他时刻思考如何实现自动化生产，思考如何深化公司生产管理的数字化和智能化，思考如何从管理创新中实现高效益等。随着公司一步步地发展，生产从自动化向智能化转变，公司被认定为绿色工厂和智能示范工厂。

6.3 创业感悟

"锲而不舍，敢为人先"的校训需要时刻铭记于心，任何事情贵在坚持，只要自己认为是对的，就要坚持，过程中或许会有各种痛苦与艰辛，但坚持不懈，一定会有收获的时刻。任何的磨难都是人生重要、宝贵的经验来源，磨难是对你灵魂的磨炼，不经历风雨怎能见彩虹。

人或许有好坏之分，但行业没有好坏。不是人人都能进入称心如意的行业，但入一行爱一行。其入行之处根本没有新能源概念，当时的电子行业如日中天，但既然入了就不后悔，行行出状元，养猪的不也能上市吗？行业无好坏之分，只要做到极致，细分市场下就一定有其立足之地。

做人要懂得感恩。感恩父母，他们给了你生命；感恩师门，他们给了你入世技能。感恩生活上你遇到的形形色色的人，不管这人对你是帮助还是让你难受，俗话说吃亏是福，这些人和事都是你未来安身立命所必需的经验与经历。

不比较不计较，明白差距，奋起直追。斤斤计较比较容易让人产生负面情绪，会让你在团队中产生负能量，人有高矮肥瘦，团队能力亦是如此，个人利益不可能一碗水端平，总有高低优差，比你好的说明你们有差距，需要个人提升去追赶，而不是斤斤计较，怨天尤人。

社会是个大熔炉，什么事什么人都有。但存在即合理，不是这些事这些人去适应你，而是你要去适应他们，适应不代表认可，是接受存在的合理性，只有你自身足够强大，才能够改变他们，在你足够强大之前，"活下去"才是立足于社会的根本。

6　创新技术，精益生产——周皓镠

青春是美好的，世界上没有比青春更美好和更珍贵的了。在大学里，学子们除了要努力学习外，也应多多参加学校、社会活动，提升自己的实践能力，让自己的能力得到很好的锻炼，不负青春，不负韶华，不负梦想，不负未来！

（王伟刚　整理）

7 坚持不懈,顺势而为——罗兴华

7.1 校友简介

图 2-7 罗兴华

罗兴华,湖南工程学院材料化工学院精细化工专业0303级校友。2007年从湖南工程学院毕业后前往广东发展,投身环保在线监测行业,就职于深圳的一家环保民营企业,做过化验员、运营工程师、运营主管、运营总监。2017年自主创业,成立深圳市天益环保科技有限公司,现任公司董事长,公司自成立至今,业务稳步增长(图2-7)。

深圳市天益环保科技有限公司是一家集环保在线监测设备销售、运营服务、环境工程治理、环保产品开发、环境技术咨询服务于一体的综合型环保科技公司,先后获得环境在线监测运营服务一级认证、环境工程专业承包三级认证、深圳优秀在线监测运营服务商称号。公司具有完整的运营服务中心、实验室分析中心。业务范围主要涉及工业企业、电厂、医院、水利、河流等,合作品牌有美国哈希、日本岛津、日本堀场、深圳正奇、深圳朗石、湖南森尚等30多个。

7.2 创业案例故事

(1)坚持与用心,再笨的人也会有好运气

时间回到2007年,从学校毕业后,罗兴华被校招至中山恒润印染厂当管理培训生,同一批校招的学生有13人,前3个月工厂安排他们到各个部门的基础岗学习,经过3个月的系统学习,熟练掌握了工厂工艺流程,因表现突出,罗兴华在13人中被染厂部选中学习对色,但后来因自身身体原因,不能适应晚班工作,自感很可惜未能继续与印染行业结缘。2008年春节,罗兴华辞去人生中第一份工作,来到年轻人都向往的城市——

深圳，当进入深圳的那一刻，犹如2003年离开家乡，踏进湖工校园的心情。从农村来到大都市，满是高楼建筑，内心充满了幻想。然而现实是残酷的，求职面试并不顺利，遇到好的职务不敢去挑战，对普通的职位兴致不高，最后他选择了一个与自己所学专业比较对口的职位留下来。就这样，罗兴华进入了环保行业，没想到一做就是10余年，并成为他毕生将要去奋斗的一个行业。

（2）机会永远留给有准备的人

罗兴华说，记得刚参加工作时他的职位是化验员，公司总部设在深圳市中心福田区，在宝安区有自己的办事处，而他的工作就是为宝安区办事处运营服务提供试剂配置，远离公司总部，没有领导监管，完全靠自己的自控力。记得当时办事处有9个人，除了运营经理和他以外，其他人都是外勤的运营工程师，当时公司销售的产品比较单一，主要是代理日本岛津的产品。罗兴华做事麻利，加上自己学的是化学专业，所以对配置药剂游刃有余，一天的工作他基本半天就完成了，剩下的时间他并没有闲着，而是主动跟着外出的工程师去现场装机，学习运营技能，脏活累活他都干（当时外出是没有车费补贴的，因为化验员不需要外出）。看到罗兴华这么积极主动地帮忙做事，同事们也开心，在做事的过程中也会跟他讲设备的原理。就这样一年下来，罗兴华基本掌握了运营工作。

2008年金融危机的出现，公司也受到影响，一时间大家都觉得环保行业没有发展前景，到2009年年底，办事处9个人有6个人离职。罗兴华作为刚走入社会的新人，认为在哪里都是学习，抱着学习的心态他选择留下来。

2010年，政府发文对环保在线监测运营服务放开，公司可以面向企业提供服务，一时间公司人手出现了问题，凭借自己在做实验员期间对运营工作的学习，罗兴华主动向公司提交了转运营岗的意愿，并向公司领导表达了他对公司产品的了解，很幸运得到了领导的批准。当时办事处运营工程师就只有两个人，随着政策的放开，业务量也慢慢增大，而罗兴华一心只想把工作做好，每天早出晚归，丝毫不觉得累，公司的运营工作一项也没落下，因他表现突出，在运营部3个月就被公司领导提拔为办事处运营主管，这也是罗兴华职业生涯的第一个"官儿"。

（3）做技术要有锲而不舍的钻研精神

做运营服务也就是搞技术服务，公司当时代理的一个产品是日本岛津的TOC-4100分析仪，日本的工业产品一直是有匠心精神的，罗兴华作为运营工程师，要把这款产品维护好，首先就要对这个产品非常熟悉，好的产品伴随着备品、备件是非常昂贵的，如果运营维护不好，会给公司带来很大的运营成本。

记得有个备件是电子冷凝器（这类备品备件非常多），当时岛津售后提出该配件损坏只换不修，一个需要6000多元，深圳常年的高温天气，加上设备安装的环境都是企业的废水处理站，条件非常恶劣，每到炎炎夏日，100多套设备里总会有30%的设备会损坏。公司仓库堆放了很多损坏的冷凝器，作为运营主管，做好运营服务工作是首要责任，如果技术不独当一面，也有愧工程师3个字，锲而不舍的钻研精神驱使罗兴华一定要帮公司解决这个难题。他从仓库领了几个坏的冷凝器，因为白天要工作没有时间研究，他就把坏的冷凝器带到出租屋研究，一个一个地拆除，发现里面就两样东西：一个制冷片，一个温控电阻，因为不懂电子，所以他带着这两样东西去电子城问电子维修的师傅，让他帮忙讲解这个工作原理，并找到对应参数的制冷片，回到家中再组装，迫不及待装回设备测试，结果非常成功。公司知道罗兴华会修电子冷凝器后，第一时间告诉岛津的售后，他们很震撼，公司为了表达他对公司的贡献，特召开公司运营部大会，当即奖励3000元，那是罗兴华作为技术人员在公司感觉最自豪的时刻，同年年底罗兴华荣升为运营部经理。

（4）十年磨一剑，顺势而为创天益

2014年，正值公司稳步发展的时期，公司决定将重心由在线监测向固废、环境检测方向转移，这对一心只想做在线监测的罗兴华来说无疑是一个不好的决策，因为这个领域并不是他的强项，思虑再三，罗兴华离开了这份让他成长6年的工作。之后，他被一家同行公司看中，愿意给出30%的干股分红，让他加入公司管理层。怀着对在线监测行业的热情，罗兴华欣然接受，这是他人生中第一次感受到自己的价值。加入该公司后，罗兴华重整运营部，公司经过两年的发展，运营业务稳步增长，这时公司股东之间发生了分歧，但经过两年多的磨炼，使他更加成熟、稳重。

终于在2017年，刚好毕业10年，俗话说十年磨一剑，正是该出剑的时候了，罗兴华叫来了他的好兄弟、好同学，当年的学生会主席化工0303班的常鹏，罗兴华把他的想法与常鹏分享，常鹏听后表示非常认可，于是在2017年7月18日，深圳市天益环保科技有限公司正式成立。公司自成立至今，短短4年，已由最初的三五人发展到拥有50人的团队，在当地在线监测领域初露头角，公司永远秉承着让每一位员工一年比一年好的宗旨，弘扬"天道酬勤、精益求精"的企业精神，为企业提供优质的服务，为环境执法提供有力保障。作为创始人的罗兴华将谨记"锲而不舍、敢为人先"的校训，毕生用所学知识投身于环保事业。

7.3 创业感悟

我觉得我和我们这些优秀的前辈校友还有很大差距,我的第二个 10 年才刚刚起步,人生路上还有很多荆棘与坎坷,需要我不断去沉淀和总结,我对我前 10 年的总结是:人生没有捷径,只有脚踏实地,坚持用心做好每一件事,你的人生一定会绽放光彩!

(陈镇　整理)

8 学习积累，知足感恩——阳建

8.1 校友简介

图 2-8 阳建

阳建先生是湖南工程学院材料与化工学院染整工程专业 0511 班优秀校友。毕业后一直从事印染相关工作，从印染企业一线生产、管理再到印染助剂研发、销售，并在 2015 年创办嘉兴硕捷纺织科技有限公司，主要负责新型产品研发和销售管理工作（图 2-8）。

嘉兴硕捷纺织科技有限公司主要是对印染助剂的研发、新产品的应用、新工艺的技术推广，研发中心配备成套纺织印染加工测试仪器与设备，有专业的印染技术工程师团队。公司密切关注纺织行业的发展趋势及国内外环保标准和纺织测试标准的变化，致力于研发适应未来市场的纺织化学品，为客户提供专业的信息咨询和技术服务，以解决实际生产问题。

8.2 创业故事

2008 年毕业时，阳建一开始也像一些同学一样，先选择的是相对轻松的纺织面料跟单工作，但由于刚刚从学校毕业，学到的还只是停留在书本的理论知识，对整个纺织印染行业的生产实际、现场工艺流程等其实都还只是一知半解，他意识到问题所在后马上辞职，投身到印染生产一线，从最基本的打样做起。在染厂工作期间，近两年的时间里，阳建将整个印染生产工艺流程都重新"复习"了一遍，前处理、染色、印花、后整理等基本工艺、技术、设备，全都认认真真、扎扎实实地实践了一遍又一遍，直到现在闭着眼睛仍然都能马上想起开机、加料的每个步骤。

2010 年年底，由于有了一定的染厂工作经历，朋友推荐他去上海一家外贸公司做印染助剂销售。虽然没有销售方面的工作经验，试用期也没有底薪，但他通过自己的努力，第一个月便开发了属于自己的客户，顺利通过了试用期。在上海公司的时候，他非常感谢当时的老板，对怎么开发客户、怎么推荐自己的产品，老板都会细心讲解，包括合同、财务知识，都是上海公司的给予，直到现在，他一直很受用，也很感恩！在上海工作期间，阳建不断地观察积累，不断地接触化工行业的佼佼者，并向同行学习。

2015年，考虑到上海公司当时的产品主要是代理国外的，没有自己的核心产品，于是阳建向老板提出了辞职，创办了嘉兴硕捷纺织科技有限公司，决定研发自己的产品，开发新的客户。之后阳建通过自己的努力，开发了属于自己公司的第一只产品——免烫提升剂，然后找加工厂代加工，完成了小样到大样的生产。产品出来后，找客户试样时，刚好优衣库的单子人棉梭织的抗皱达不到测试标准，于是给了他一个试样的机会。经过第一次小样测试，结果并没有完全达到客户要求，但是有所提高，客户建议再调试一下配方。于是公司开会讨论，重新调整了配方，第二次试样的结果达到了客户的要求，并且得到了优衣库的认可。

2017年，考虑到公司未来研究、创新、发展的需要，公司投入上百万元，专门成立了自己的研发团队，配备了专业的实验室，购置了抗紫外测试仪器、吸湿快干测试仪器、抗菌防臭测试、防水测试仪器、远红外测试仪器等专业设备，为客户提供更加快捷便利的服务。

8.3 创业感悟

创业是一件辛苦但快乐的事情，我们要做到有目标、有重点，有先后顺序，把每一件事情做好、做仔细，遇到问题要及时反应和沟通，做到事无巨细。

一个人单打独斗的时代已经过去，我们要有自己的团队，团队合作才会让事情变得简单化，拧成一股绳，朝着同一个方向前行。

人要学会知足，更要懂得感恩。

（汤威宜　整理）

9 夯实基础，深耕专业——罗莎

9.1 校友简介

图 2-9 罗莎

罗莎女士是湖南工程学院材料与化工学院生物工程专业0702班校友，长沙伊柏专利代理事务所（普通合伙）所长、专利代理师、湖南省专利代理师协会常务理事。2014年江南大学硕士研究生毕业后进入知识产权行业，成为一名专利代理师。自从事知识产权行业以来，罗莎女士先后为超过500家企业和科研院校提供专利及知识产权法律咨询等相关服务，主持过大型国企专利预警与布局分析项目，知名民企专利无效、专利诉讼项目，曾多次受邀在政府和企业服务平台组织的知识产权培训会议中授课（图2-9）。

长沙伊柏专利代理事务所（普通合伙）是国家知识产权局备案专利代理机构，机构代码43265，同时也是湖南省专利代理师协会理事单位。公司业务范围包括国内外专利申请、商标注册、版权登记、集成电路布图设计登记、专利技术成果转移与转化、上市企业知识辅导等，业务领域涉及机械、电子、生物医药、化工、材料等，能处理不同领域的知识产权案件。

9.2 创业故事

（1）夯实基础、明确目标、奋勇前行

在母校的4年大学时光是非常充实而快乐的，在每个阶段罗莎给自己设置了不同的目标。大一到大三，除了认真系统学习专业知识、夯实基础外，她注重培养自己的综合能力，积极参加社团活动，从一名学生会干事，到女生部部长，再到学生会副主席，每一步罗莎都收获颇丰，综合素质得到了很大提升，特别是人际交往能力和勇于表达自己的性格塑造，这影响了她后续的职场发展和职业走向。另外，大学期间罗莎还积极向党组织靠拢，让自己尽早成为一名共产党员，这有助于培养自己的党性，在后面的工作和生活中，首先会想到自己是一名党员，然后从严要求自己并且有乐于奉献的人格品质。大三第二学期，罗莎开始规划自己下一步的方向，在学校老师的鼓励下，以及对专业就业情况了解后，她选择了考研。确定了目标，就只管奋勇前行，拿出破釜沉舟的勇气，沉下心来，好好学习，她坚信只有付出才有回报，只有目标坚定，全力以赴，才有可能达成目标。最后的结果也如罗莎所愿，她顺利考上了江南大学硕士研究生，开始了新的求学生涯。

（2）深耕专业、把握机遇、不畏挑战

人生旅途并不是一帆风顺的，路上总会有点荆棘。读了研究生，她本认为自己大概率是去企业或科研院所从事技术研发工作，可到了研究生后半程时，她突然发现自己的身体对化学试剂比较敏感，不适应长期从事，所以她准备更改自己的职业方向。在机缘巧合下，罗莎接触了知识产权行业，知道了专利代理师这个职业，了解到专利代理师是拥有专业技术知识和法律知识的复合型人才，所以还是可以将之前所学的专业技术知识运用到这个领域，不直接从事研发，但可以为创新主体的研发成果保驾护航。找到了方向，罗莎便去深入了解这个职业，研究生期间就对这个行业的专业知识进行了系统学习并考取了这个行业的从业资格证书——专利代理师资格证，这为她毕业后进入知识产权行业创造了条件，奠定了基础。

干一行、爱一行、深耕一行。入行后，罗莎先在知名代理机构从事专利代理工作，爱岗敬业，踏实努力，深耕专业，经过几年努力，专业水平和实践能力有了很大提升。前面的经验积累和自己不畏挑战的性格，让她成功把握住了一个重要的职业发展机遇，成为一名专利代理机构的负责人，全面管理和运营一家专利代理事务所，从打造和管理团队到攻坚业务难题、开拓市场，每一件事情她都极其努力认真地对待，困难和挑战不少，但方法总比问题多，很多时候不是等你觉得你能解决所有问题的时候你才可以去胜任那份工作，更多的时候需要一份敢于尝试、敢于接受挑战的勇气，并为这份勇气去努力。通过几年努力，公司成为湖南省排名前十的专利代理机构，罗莎的个人能力也有了很大提升。

（3）乘风破浪、不负青春、不负韶华

也许自己骨子里有个创业梦，也许觉得趁着年轻还可以有从头再来的资本。2020年，罗莎离开了自己已经比较舒适的工作岗位，出来创办了长沙伊柏专利代理事务所，开始了自己的创业之路。一切从零开始，未来充满挑战，但罗莎相信她和她的团队可以乘风破浪，砥砺前行，因为她们坚信自己不负青春，不负韶华。

9.3 创业感悟

长沙伊柏专利代理事务所还是一家很年轻的公司,我自己和优秀的校友前辈们相比还有很大的差距,创业的艰辛我可能还并未深刻体会到,还有很长一段路要走。但我和我的团队愿意保持初心,脚踏实地,专注质量,用心服务,坚持不懈,不断努力,做好品牌。这是我们一生的事业,我们必为之付出最大的努力。

另外,在创业的同时,我要求自己和团队要有很好的社会责任感,提升自己和公司的同时,也要为这个行业和我们热爱的国家贡献一分力量。

(陈镇 整理)

10 借助平台，实现价值——陈焜

10.1 校友简介

陈焜，2007 年就读于湖南工程学院材料与化工学院轻化工程专业 0702 班，2011 年考上苏州大学研究生。2014 年 4 月成为杭州美高华颐化工有限公司（2017 年公司被传化智联收购）合伙人，现任该公司产品研发部经理、技术研究院副院长。工作以来，发表中文核心期刊以上论文 24 篇，其中 SCI 收录 3 篇，授权国家发明专利 12 项；主持并完成省级高新技术项目及企业项目 10 项以上，取得良好的经济效益与社会效益（图 2-10）。

杭州美高华颐化工有限公司成立于 2001 年，位于杭州萧山经济技术开发区，是一家专业生产和销售纺织印染助剂的高新技术企业。公司通过了 ISO9001 质量体系、ISO14000 环境体系和蓝标认证，2009 年被认定为国家高新技术企业，并延续至今，2013 年被评定为省级高新技术企业研发中心，在中国纺织印染助剂行业综合实力测评中，公司历年都被评为中国纺织印染助剂行业综合实力前 20 强。

图 2-10　陈焜

10.2 创业故事

2014 年，一位刚毕业的大学生进入企业开始了他的职业生涯。作为这家企业中唯一的硕士研究生，头顶着这个学历的光环，陈焜倍感压力。工作之初，公司还给了他无醛环保树脂的合成项目让他独立完成。在这种条件下他只是一心想把项目完成，做出市场认可的产品。因为他明白只有产品卖出去了，才能得到公司的认可，才能获得奖金。在接下来的研究中，由于没有了学校中完善的仪器配置，导致失败接踵而至，这才让他意识到企业中的研究与学校里的截然不同。企业需要追求效益，成本控制是第一要素，不可能像学校那样不计原材料的价格进行研究。同时，同行的产品性能和相关信息要进行收集，如此一来，这样的产品才更具市场竞争力。经过两年的努力，在导师和同事的帮助下终于完成了聚丙烯酸酯乳液的无皂聚合并将产品成功推向市场，每年为公司创造400万元以上的销售额！

2016年，他担任研发主管一职，接手部门的项目管理工作，在工作中他发现公司研发部存在两个比较严重的问题：一是缺乏完整的研发流程；二是没有数据积累。这两个问题直接导致公司的产品研发处于无头苍蝇状态。把刚好遇上的实验结果当作最终结果，后期若要继续优化产品，则需要将原来的实验重新做一遍。如此一来，不仅造成时间和资源上的极大浪费，而且产品研究无持续性。为了解决这些问题，他首先根据部门人员情况完善了研发流程，其次制定了中长期研究计划和方向，并着手数据库的建立与基础研究项目计划。经过3年的改革，公司的研发慢慢步入正轨，新项目完成率在2018年和2019年均达到100%，这也为后期的产品优化奠定了坚实的基础。

在公司知识产权方面，实现从0到1、从1到多的突破，并带领全体技术人员进行专利编写工作！目前公司拥有授权发明专利30余项，专利授权率达到80%以上。2021年，公司成立研究院，将中长期的基础研究和构效关系研究纳入公司技术发展的重点工作中。

10.3 创业体会感悟

奋斗应有的基本要素：定目标，有追求，求奋进，敢于想，多沟通，开眼界，提格局，少抱怨，多自省，策划运气，创造机会。

例如，作为质检员有两种想法：一种甘于平庸，只想测测含固量，取个样品，然后在每次发工资的时候抱怨待遇的低廉和生活的不公；另一种想法则是更高追求的质检，我如何能利用好公司这个平台，掌握对各种仪器的精通，未知样品的解析，方法的建立！两种想法肯定是两种不同的人生！不是每个人努力后都能获得理想中的结果，但为什么不能去尝试奋斗，当回头重新审视自己时或许会发现自己已经不是原来的那个样子。

企业不是慈善机构和养老院，应时常审视自己的努力与付出，再来想想是否有资格抱怨待遇的不公。机会，也是一种无形的压力，但不是对每个人都适用，机会只留给有准备的人。

多读书，强化自己，不要在该奋斗的年纪贪图享乐，追求安逸。

在企业中也可以创业，不要固有地认为自己只是个打工人，要把企业看作一个平台，利用好这个平台来实现自己的个人价值与社会价值，最终成为企业的一分子，与企业同呼吸、共命运。

（陈镇　整理）

第三篇
大学生创新竞赛篇

篇 章 导 读

创新竞赛有助于大学生科研能力的培养，是提高大学生创新实践能力的平台。高校创新竞赛，除了能够培养实际动手能力外，更重要的是可以培养大学生科学的抽象思维能力及科研能力。

参加创新竞赛，必然要经过文献资料查阅、竞赛方案设计、实验结果分析归纳等一系列的过程。在这些环节中，学生对于时间、空间、科学知识等方面的应用，都得到了多角度、多层次的实践。为学科能力的培养、独立科研工作及创新意识打下了坚实的基础，增强了大学生的竞争实力。

本篇选取了全国大学生化工设计竞赛、"挑战杯"全国大学生课外学术科技作品竞赛、湖南省大学生课外化学化工创新作品竞赛等化学化工类赛事，对内容、形式、组队、评奖等赛程进行全方位的介绍，并选取了近年来湖南工程学院优秀团队参与竞赛的实例，鼓励更多的大学生敢闯、敢创。

1 凝心聚力，精益求精——全国大学生化工设计竞赛

1.1 全国大学生化工设计竞赛简介

全国大学生化工设计竞赛始办于2007年，2009年开始在全国范围内推广开来，2010年比赛已初具规模，并开始按地域划分为西北、西南、华北、华南、华东、华中、东北7个分赛区进行预选赛，选拔出优秀队伍再进行决赛。此后，全国大学生化工设计竞赛的影响力进一步扩大，各高校积极响应，参赛的学校和队伍数量呈直线式增长。比赛规模从最初的8家高校发展至2021年的401家学校，2767支参赛队伍，参赛人数近1.4万人（图3-1-1）。全国大学生化工设计竞赛是入选高校学科竞赛排行榜的A类本科竞赛，和全国数学建模竞赛是同一级别的比赛，是参赛规模最大、水平最高、影响最深远的化工类学科竞赛。

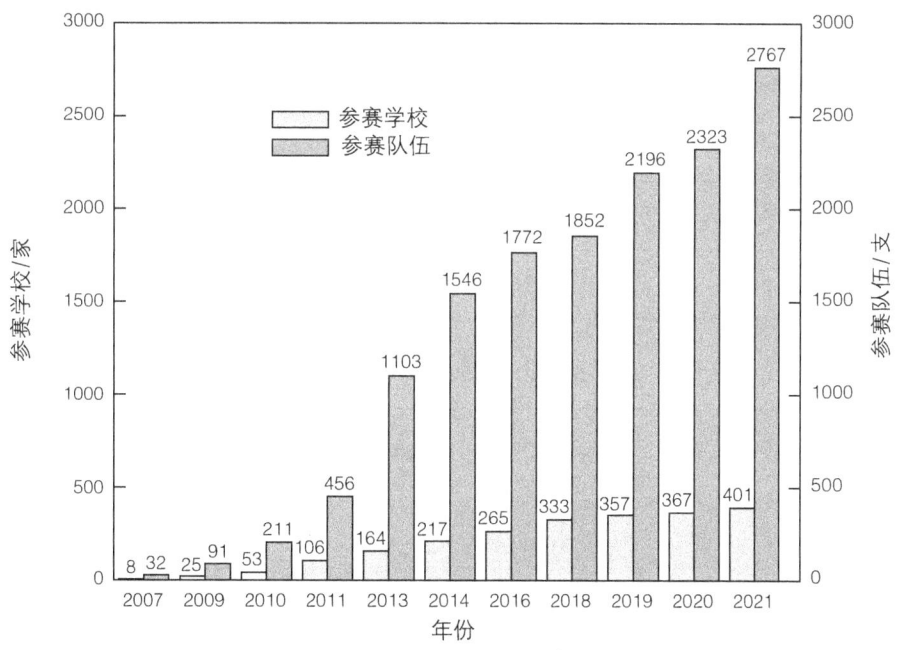

图 3-1-1 历年参赛学校数和参赛队伍数

1.2　全国大学生化工设计竞赛的目的

通过竞赛，培养大学生的创新思维和工程技能，团队协助精神和领导、组织与协调能力，吃苦耐劳和坚忍不拔的毅力，提高大学生的交流、表达能力，增强大学生的工程设计和实践能力。

1.3　全国大学生化工设计竞赛的具体内容

全国大学生化工设计竞赛由中国化工学会化学工程专业委员会、教育部和中国化工教育协会共同主办，每年举办一次，面向全国高等院校化工专业学生，统一设计题目，是集设计作品展示与现场答辩为一体的竞赛活动。评委由中国化工协会、科研院所、企业、高校共同组成，分预赛和决赛两个阶段。历届全国大学生化工设计竞赛题目、地址及名称如表 3-1-1 所示。

表 3-1-1　历届全国大学生化工设计竞赛题目、地区及名称

	年份	题目	地区	名称
第一届	2007	生物柴油工厂设计	杭州	三井化学杯
第二届	2008	二甲醚工厂设计	西安	三井化学杯
第三届	2009	碳酸二甲酯工厂设计	上海	三井化学杯
第四届	2010	电厂尾气中 CO_2 制化工产品工厂设计	长沙	三井化学杯
第五届	2011	甲醇制烯烃工厂设计	重庆	三井化学杯
第六届	2012	C4 制化工产品工厂设计	青岛	中国石化—三井化学杯
第七届	2013	环氧丙烷工厂设计	哈尔滨	中国石化—三井化学杯
第八届	2014	PX 清洁生产工厂设计	常州	中国石化—三井化学杯
第九届	2015	乙二醇清洁生产工厂设计	天津	东华科技—三井化学杯

续表

	年份	题目	地区	名称
第十届	2016	丙烷资源化利用分厂设计	成都	东华科技—陕鼓杯
第十一届	2017	含硫工业废气深度脱硫资源化利用工厂设计	杭州	东华科技—陕鼓杯
第十二届	2018	异丁烯制化工产品工厂设计	长沙	东华科技—陕鼓杯
第十三届	2019	醋酸乙烯酯的生产工厂设计	太原	东华科技—恒逸石化杯
第十四届	2020	C5烷烃的利用	合肥	东华科技杯
第十五届	2021	异丙醇生产工厂设计	厦门	厦门大学

1.4 参赛对象和形式

①参赛者为全日制在校本科生。以团队形式参赛，每队5人，设队长1人。每个学生只允许参加一个参赛队，鼓励学生多学科组队参赛。

②参赛队伍根据竞赛命题和要求完成设计，提交作品的电子文档。设计工作必须由参赛队员完成，每支队伍只能提交一份作品。

③全国大学生化工设计竞赛分预赛和决赛两个阶段，预赛在西北、西南、华北、华南、华东、华中、东北7个赛区进行，参赛作品经分区赛初赛评审委员会初审，遴选出各分赛区的优秀作品参加分赛区决赛，由分区赛评审委员会评选获奖作品，并根据参赛队伍的总数确定参加全国总决赛的队伍数量。2021年参赛队伍数的全国分布如图3-1-2所示。

④经分区赛后，全国一共有60支队伍出线进入第二阶段全国总决赛，其中赛区预选赛承办学校和全国总决赛承办学校各获得一个直升名额。由总决赛评审委员会评选获奖作品。

⑤比赛时间：每年3月初给出比赛题目，7月10日左右开始分区赛初赛，初赛历时约5个月。8月20日左右进行全国总决赛。

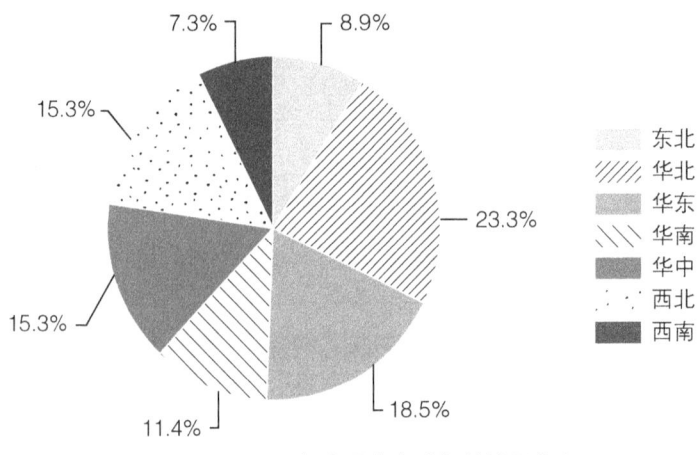

图 3-1-2 2021 年全国参赛队伍的地区分布

1.5 竞赛需要做的工作内容及要求

1.5.1 项目可行性论证

① 与社会及环境的和谐发展（包括安全、环保和资源利用）。
② 落实《中国制造 2025》中提出的"绿色发展 2025 年指标"。

1.5.2 工艺流程设计

① 先进单元过程技术的应用（Aspen Plus）。
② 集成与节能技术的应用（Aspen Plus 换热网络夹点技术分析）。
③ 绘制物料流程图和带控制点工艺流程图（AutoCAD 绘制 PFD 和 P&ID 流程图）。

1.5.3 设备选型及典型设备设计

采用 Aspen Plus、SW6、智能选泵等设计软件进行设备的选型或设计，AutoCAD 绘制设备条件图。

1.5.4 车间设备布置图

采用 AutoCAD 绘制车间布置图，三维设计软件绘制车间布置图和工艺管道配置图。

1.5.5 厂区总体布置设计

采用 AutoCAD 绘制厂区总平面布置图，三维工厂设计软件进行厂区布置设计。

1.6 参赛作品应提交的材料

1.6.1 基本材料

① 项目可行性报告（篇幅控制在 50 页以内）。
② 初步设计说明书（包括设备一览表、物料平衡表等各种相关表格）。
③ 典型设备（标准设备和非标设备）工艺设计计算说明书（若采用相关专业软件进行设备计算和分析，则必须同时提供计算结果和计算模型的源程序）。
④ 设计图集（包括 PFD 和 PID 图、车间设备平面和立面布置图、装置平面布置总图、主要设备工艺条件图）。
⑤ 工艺流程的模拟及流程优化计算结果和模拟源程序。

1.6.2 计入作品评分的材料

① 若进行危险性和可操作性（HAZOP）分析，提供相关的文档（若采用专业软件实施，提供能在该软件平台上打开的设计源文件）。
② 若进行能量集成与节能技术运用，则提供相关的结果（若采用专业软件计算，提供能在该软件平台上打开的设计源文件）。
③ 若采用专业软件进行过程成本的估算和经济分析评价，提供能在该软件平台上打开的设计源文件。
④ 若采用专业软件进行容器类设备的结构设计，提供能在该软件平台上打开的设计源文件。
⑤ 能在所采用的三维工厂设计工具软件平台上打开车间布置和装置总体设计源文件。

1.7 评分内容与标准

全国大学生化工设计竞赛首先在各个分赛区进行，从各个分赛区挑选 60 支优秀队伍进入全国总决赛。

区赛又分为初赛和决赛两个阶段,初赛不需要答辩,决赛需要答辩。

1.7.1 区赛初赛评分标准

区赛初赛评分内容分为现代设计方法及工具应用、工程图纸质量和设计文档的编制质量3个部分,其内容和分数如表3-1-2所示。

表3-1-2 区赛初赛评分内容和分数

现代设计方法及工具应用 (20分)	工程图纸质量(20分)	设计文档的编制质量 (20分)	备注
计算机辅助过程设计——过程仿真设计模型(4分)	设计图纸格式规范性(4分)	可行性报告(6分)	
计算机辅助过程设计——反应器设计模型(2分)	PFD——内容正确与完整性(5分)		
计算机辅助过程设计——分离过程设计(2分)	P&ID——内容正确与完整性(5分)	初步设计说明书——工艺方案论证(5分)	
计算机辅助过程设计——过程热集成(2分)			
计算机辅助设备设计——换热器(2分)	设备布置图——内容正确与完整性(3分)	初步设计说明书——其他(5分)	
计算机辅助设备设计——塔设备(4分)			
计算机辅助工厂设计(4分)	总平面布置图——内容正确与完整性(3分)	设备设计文档(4分)	
小计(20分)	小计(20分)	小计(20分)	合计(60分)

1.7.2 区赛决赛评分标准

区赛决赛评分内容分为两个部分:第一部分是专项评分,总分60分;第二部分是答辩评分,总分40分。

专项评分,包括现代设计方法及工具应用、工程图纸质量和设计文档的编制质量3个部分内容,其内容和分值如表3-1-3至表3-1-5所示。

表 3-1-3 现代设计方法及工具应用评分内容和分值

计算机辅助过程设计（10 分）	过程仿真设计模型（4 分）	全流程正确运行（4 分）
计算机辅助过程设计（10 分）	过程仿真设计模型（4 分）	分区流程正确运行（3 分）
计算机辅助过程设计（10 分）	过程仿真设计模型（4 分）	运行通过有警告（2 分）
计算机辅助过程设计（10 分）	过程仿真设计模型（4 分）	运行通过有错误（1 分）
计算机辅助过程设计（10 分）	反应器设计模型（2 分）	速率模型反应器（1 分）
计算机辅助过程设计（10 分）	反应器设计模型（2 分）	速率模型来源合理（1 分）
计算机辅助过程设计（10 分）	分离过程设计（2 分）	用精确计算模型（1 分）
计算机辅助过程设计（10 分）	分离过程设计（2 分）	进行参数优化（1 分）
计算机辅助过程设计（10 分）	过程热集成（2 分）	用夹点分析（1 分）
计算机辅助过程设计（10 分）	过程热集成（2 分）	用夹点分析结果对工艺流程进行优化设计（1 分）
计算辅助设备设计（6 分）	至少对 2 台换热器进行详细设计（2 分）	运用专业软件对换热器进行了详细设计（0.6 分）
计算辅助设备设计（6 分）	至少对 2 台换热器进行详细设计（2 分）	换热器流态合理，传热系数包括垢层热阻，换热面积满足需求（0.9 分）
计算辅助设备设计（6 分）	至少对 2 台换热器进行详细设计（2 分）	换热器压降合理（0.5 分）
计算辅助设备设计（6 分）	至少对 1 座塔设备进行详细设计（4 分）	运用专业软件对塔设备进行了详细设计（基础要求）
计算辅助设备设计（6 分）	至少对 1 座塔设备进行详细设计（4 分）	对结构参数进行优化（2 分）
计算辅助设备设计（6 分）	至少对 1 座塔设备进行详细设计（4 分）	对负荷性能进行优化（2 分）
计算机辅助工厂设计（4 分）	车间设备布置三维设计（2 分）	运用专业软件进行了车间设备布置三维设计（基础要求）
计算机辅助工厂设计（4 分）	车间设备布置三维设计（2 分）	完成至少一个工序（1 分）
计算机辅助工厂设计（4 分）	车间设备布置三维设计（2 分）	与平面及立面布置图吻合（1 分）
计算机辅助工厂设计（4 分）	三维配管设计（1 分）	运用专业软件对主物流管道进行了三维配管设计（0.3 分）
计算机辅助工厂设计（4 分）	三维配管设计（1 分）	完成至少一个工序（0.2 分）
计算机辅助工厂设计（4 分）	三维配管设计（1 分）	与车间平面布置图和立面布置图吻合（0.5 分）
计算机辅助工厂设计（4 分）	工厂三维模型设计（1 分）	运用工厂设计类或建模表观类软件进行了工厂三维模型设计（0.3 分）
计算机辅助工厂设计（4 分）	工厂三维模型设计（1 分）	与工厂总平面布置图中的分区位置吻合（0.3 分）
计算机辅助工厂设计（4 分）	工厂三维模型设计（1 分）	与工厂总平面布置图中的距离布置吻合（0.2 分）
计算机辅助工厂设计（4 分）	工厂三维模型设计（1 分）	运用非专业软件完成了工厂三维模型设计，最多得基础分（0.2 分）

表 3-1-4　工程图纸质量评分内容和分值

项目	内容（分值）
格式规范性（4分）	PFD（1分）
	P&ID（1分）
	车间设备布置图（1分）
	分厂平面布置图（1分）
PFD——内容正确性与完整性（5分）	流程结构（2.5分）
	完整物流表（1.5分）
	设备位号（1分）
P&ID——内容正确性与完整性（5分）	单元控制逻辑（3.2分）
	管道组合号（1.4分）
	P&ID图与PFD图工艺流程一致（0.4分）
设备布置图——内容正确性与完整性（3分）	空间布置合理无冲突（1.5分）
	平面图与立面图一致（0.5分）
	设备及尺寸标注（1分）
总平面布置图——内容正确性与完整性（3分）	有风玫瑰图（0.2分）
	有技术指标（0.3分）
	有说明文字（0.5分）
	布局合理（0.8分）
	安全间距（0.5分）
	消防措施（0.6分）
	火灾危险类别的划分正确（0.1分）

表 3-1-5　设计文档的编制质量评分内容和分值

项目	内容（分值）
可行性报告（6分）	建设规模及产品方案（1分）
	原材料需求清单及来源（1分）
	公用工程需求表（1分）
	三废排放量表（1分）
	投资估算表（1分）
	经济效益分析表（1分）

续表

初步设计说明书（10分）	内容符合标准 HG/T 20688—2000（1分）	
	工艺技术方案论证（5分）	
	过程节能及能耗计算（1分）	
	环境保护（1分）	
	总图布置遵循正确的标准及安全距离（1分）	
	重大危险源清单及其相应安全措施（1分）	
设备设计文档（4分）	塔设备计算说明书（1分）	
	换热器设计结果表（1分）	
	反应器设计说明书（1分）	
	工艺设备一览表（1分）	

答辩评分总分40分，如表3-1-6所示。

表3-1-6　区赛决赛答辩评分细则

技术创新性（20分）	绿色发展技术创新（6分）	绿色催化剂应用（1分）
		三废资源化处理技术（2分）
		碳排放减少（2分）
		绿色发展新技术（1分）
	反应技术及分离技术创新（6分）	高效反应新工艺（2分）
		高效分离新技术（2分）
		反应分离集成技术（2分）
	过程节能技术创新（4分）	换热网络集成优化（2分）
		相变潜热的多效及热泵利用技术（2分）
	新型过程设备应用技术创新（4分）	反应器结构创新（1分）
		分离设备结构创新（1分）
		输送设备结构创新（1分）
		换热设备结构创新（1分）
小计		

续表

口头报告质量（40分）	表述清楚、内容完整、重点突出、富有感染力（20分）	表述清楚（5分）
		内容完整（5分）
		重点突出（5分）
		富有感染力（5分）
	PPT制作品质（12分）	内容完整（4分）
		图文清晰（4分）
		表现生动（4分）
	报告用时（3分）	到时仅有结论部分未介绍（减1分）
		到时还有部分主体内容未介绍（减3分）
		讲完剩余时长超2分钟（减1分）
	体现团队合作精神（5分）	5人都讲述（3分）
		5人分工均衡（1分）
		5人讲述质量无明显短板（1分）
小计		
答辩质量（25分）	回答问题的正确性（8分）	
	回答问题的客观性（8分）	
	简明流畅（4分）	
	体现团队合作精神（5分）	
小计		
作品质量（15分）	工艺流程的正确性（7分）	
	设计说明书（5分）	
	工程图纸（3分）	
小计		

1.7.3　全国总决赛评分标准

全国总决赛评分内容和分值大体上和区赛一致。分为专项评分和答辩评分两个部分。专项评分内容和分值如表 3-1-7 至表 3-1-9 所示。

表 3-1-7 现代设计方法评分内容和分值

计算机辅助过程设计（10分）	过程仿真设计模型（4分）	全流程正确运行（得4分）
	反应器设计模型（2分）	动力学反应器（1分）
		动力学来源合理（1分）
	分离过程设计（2分）	用精确计算模型（1分）
		进行参数优化（1分）
	过程热集成（2分）	用夹点分析（1分）
		用夹点分析结果对工艺流程进行优化设计（1分）
计算辅助设备设计（6分）	对换热器进行详细设计（2分）	换热器流态合理，传热系数包括垢层热阻，换热面积满足需求（1.5分）
		换热器压降合理（0.5分）
	对塔设备进行详细设计（4分）	对结构参数进行优化（2分）
		对负荷性能进行优化（2分）
计算机辅助工厂设计（4分）	车间设备布置三维设计（2分）	完成至少一个工序（1分）
		与平面及立面布置图吻合（1分）
	三维配管设计（1分）	完成至少一个工序，并与车间布置吻合（1分）
	工厂三维模型设计（1分）	与工厂总平面布置图吻合（1分）

表 3-1-8 文档评分内容和分值

可行性报告（6分）	建设规模及产品方案（1分）
	原材料需求清单及来源（1分）
	公用工程需求表（1分）
	三废排放量表（1分）
	投资估算表（1分）
	经济效益分析表（1分）

续表

初步设计说明书（10分）	内容符合标准 HG/T 20688—2000（1分）
	工艺技术方案论证（5分）
	过程节能及能耗计算（1分）
	环境保护（1分）
	总图布置遵循正确的标准及安全距离（1分）
	重大危险源清单及其相应安全措施（1分）
设备设计文档（4分）	塔设备计算说明书（1分）
	换热器设计结果表（1分）
	反应器设计说明书（1分）
	工艺设备一览表（1分）

表 3-1-9　工程图纸评分内容和分值

格式规范性（4分）	PFD（1分）
	P&ID（1分）
	车间设备布置图（1分）
	分厂平面布置图（1分）
PFD——内容正确性与完整性（5分）	流程结构（2.5分）
	完整物流表（1.5分）
	设备位号（1分）
P&ID——内容正确性与完整性（5分）	单元控制逻辑（3.2分）
	管道组合号（1.4分）
	P&ID 图与 PFD 图工艺流程一致（0.4分）
设备布置图——内容正确性与完整性（3分）	空间布置合理无冲突（1.5分）
	平面图与立面图一致（0.5分）
	设备及尺寸标注（1分）

续表

总平面布置图——内容正确性与完整性（3分）	有风玫瑰图（0.2分）
	有技术指标（0.3分）
	有说明文字（0.5分）
	布局合理（0.8分）
	安全间距（0.5分）
	消防措施（0.6分）
	火灾危险类别的划分正确（0.1分）

答辩评分内容和分值如表3-1-10所示。

表3-1-10 全国总决赛答辩评分细则

技术创新性（20分）	绿色发展技术创新（6分）	绿色催化剂应用（1分）
		三废资源化处理技术（2分）
		碳排放减少（2分）
		绿色发展新技术（1分）
	反应技术及分离技术创新（6分）	高效反应新工艺（2分）
		高效分离新技术（2分）
		反应分离集成技术（2分）
	过程节能技术创新（4分）	换热网络集成优化（2分）
		相变潜热的多效及热泵利用技术（2分）
	新型过程设备应用技术创新（4分）	反应器结构创新（1分）
		分离设备结构创新（1分）
		输送设备结构创新（1分）
		换热设备结构创新（1分）
小计		

续表

口头报告质量（40分）	表述清楚、内容完整、重点突出、富有感染力（20分）	表述清楚（5分）
		内容完整（5分）
		重点突出（5分）
		富有感染力（5分）
	PPT制作品质（12分）	内容完整（4分）
		图文清晰（4分）
		表现生动（4分）
	报告用时（3分）	用时控制16~20分钟（3分）
	体现团队合作精神（5分）	5人都讲述（5分）
小计		
答辩质量（25分）	回答问题的正确性（8分）	
	回答问题的客观性（8分）	
	简明流畅（4分）	
	体现团队合作精神（5分）	
小计		
作品质量（15分）	工艺流程的正确性（7分）	
	设计说明书（5分）	
	工程图纸（3分）	
小计		

1.8 案例一：恒力石化 45 kt/a 异戊烷发泡剂、50 kt/a BTX 联产项目

1.8.1 获奖情况

第十四届全国大学生化工设计竞赛全国一等奖、第十四届全国大学生化工设计竞赛文档质量优秀奖、第十四届全国大学生化工设计竞赛华南赛区特等奖、第十四届全国大

学生化工设计竞赛华南赛区最佳创新奖、湖南省第十届大学生化学化工学科竞赛（设计类）一等奖。

1.8.2 团队成员

杜炯、李梦洁、丁瑶、张思成、欧阳明靖。

1.8.3 指导老师

刘华杰、严炜伟、杨辉琼、邓人杰。

1.8.4 项目背景

近年来中国炼化一体化和煤（甲醇）制烯烃技术快速发展，乙烯产能持续扩大，生产过程中产生的C5馏分随之迅猛增长，已经成为乙烯工业不可忽视的伴生资源。利用C5馏分中不同组分生产精细化、多元化、高端化的化工产品，开拓产品应用领域，实现C5资源（尤其是其中的C5烷烃资源）的高值综合利用，是提高乙烯工业核心竞争力的重要途径。与此同时，中国大力推广发展清洁能源汽车，车用燃料油需求增量将大幅减少，使得C5烷烃资源的能源化利用途径趋向收缩。在上述背景下，如何有效利用数量可观的C5烷烃资源生产既有使用价值又有市场需求量的下游产品，是化工科技界面临的一项具有挑战性的任务。

作为中国化工科技界将来的基础和栋梁，化工学子应该积极关注我国化学工业发展进程中的重大需求，综合运用所学的化学工程知识，遵循《中国制造2025》提出的发展方针，以创新驱动，坚持绿色发展，探索解决C5烷烃综合利用的先进解决方案。

1.8.5 作品内容

1.8.5.1 概况

本团队在充分查阅相关文献资料及老师的引导下，反复设计和优化，为恒力石化设计了45 kt/a异戊烷发泡剂、50 kt/a BTX联产项目。该项目从抽余C5出发通过加氢反应、热耦合共芳构化反应技术生产异戊烷发泡剂、苯、甲苯和二甲苯，有效利用了C5烷烃资源得到附加值高的产品。

1.8.5.2 工艺选择

本项目工艺选择如图3-1-3所示。

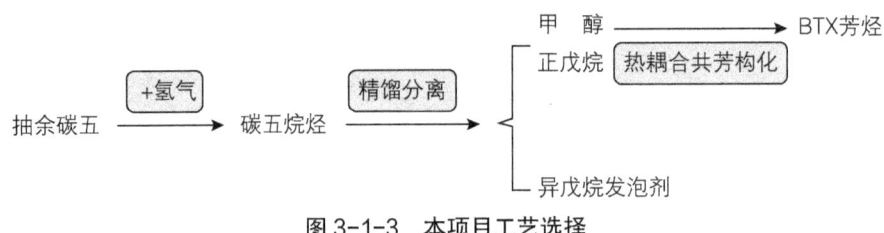

图 3-1-3 本项目工艺选择

从抽余 C5 出发，通过精馏分离，生产异戊烷发泡剂；得到的正戊烷与甲醇热耦合共芳构化反应制备 BTX 芳烃。

通过对芳构化工艺的文献查阅，得到芳构化反应技术有以下 4 种，对比 4 种方案的优缺点，我们选择 Alpha 工艺（表 3-1-11）。

表 3-1-11 芳构化反应技术

工艺名称	原料来源	芳烃质量收率（反应条件）
Cyclar 工艺	丙烷、丁烷	60%~63%（550 ℃、0.1 MPa）
Aroforming 工艺	LPG、轻石脑油	50%~55%（550 ℃、0.1 MPa）
RZ 铂重整工艺	C6 至 C7 烷烃	65%~70%（550 ℃、0.1 MPa）
Alpha 工艺	C4 至 C5 抽余油	63%~68%（500 ℃、0.3 MPa）

本项目主要产品产量、产品纯度及企业标准如表 3-1-12 所示。

表 3-1-12 主要产品产量、产品纯度及企业标准

主产品名称	异戊烷发泡剂	苯	甲苯	混二甲苯
产量 /kt	45	3	26	24
本项目纯度 wt/%	98.35	99.96	99.93	99.94
优等品企业标准 wt/%	≥ 98	≥ 99.9	≥ 99.9	≥ 99.9

1.8.5.3 工艺设计

本项目分为抽余 C5 加氢工段，甲醇正戊烷共芳构化工段，轻烃回收工段，吸收、解吸分离工段，稳定回收工段，芳烃分离工段。

（1）抽余C5加氢工段

本工段工艺路线如图3-1-4所示。

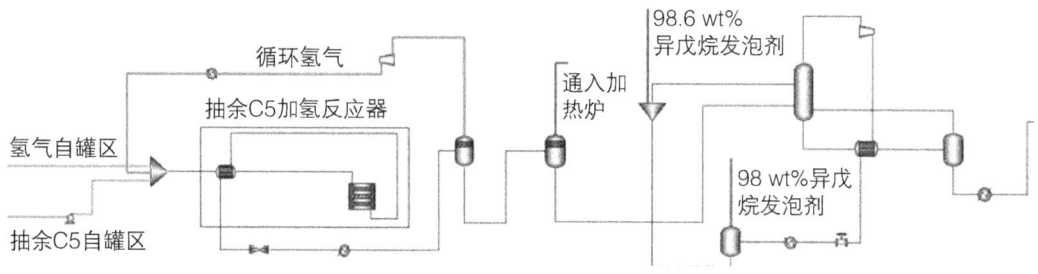

图3-1-4　抽余C5加氢工段工艺路线

抽余C5加氢工段主要包括抽余C5油加氢饱和单元、氢气循环回收单元和异戊烷热泵塔精制单元。

（2）甲醇正戊烷共芳构化工段

本工段工艺路线如图3-1-5所示。

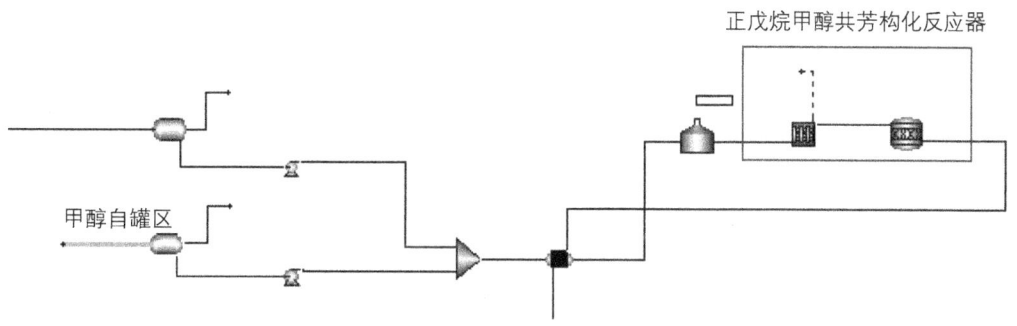

图3-1-5　甲醇正戊烷共芳构化工段工艺路线

自总厂来的3.01 bar、25 ℃的工业甲醇与粗正戊烷经加压后混合，经换热器（E0203）预热至230.6 ℃，通过加热炉再次加热至550 ℃，送入甲醇正戊烷共芳构化反应器（R0201）。

在5.01 bar、450~550 ℃的条件下，正戊烷、甲醇和异戊烷在固定床反应器中反应生成BTX、干气和液化气。

将强放热的甲醇芳构化过程与吸热的正戊烷芳构化过程进行反应耦合来生产芳烃，利用从反应器出来带有巨大热量的反应混合气，与从原料罐区出来的原料混合器进行换热，然后进入轻烃回收工段，换热之后的反应气混合物温度约为90 ℃。

（3）轻烃回收工段

本工段工艺路线如图 3-1-6 所示。

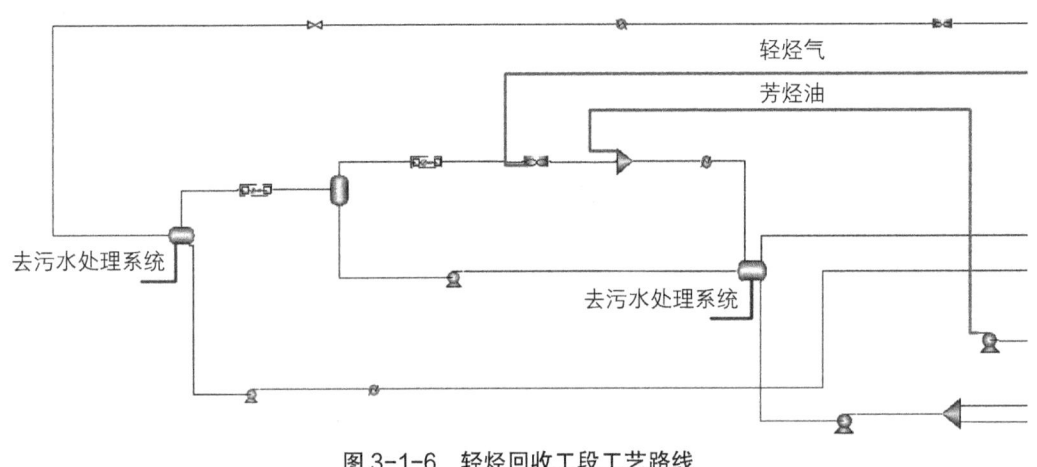

图 3-1-6　轻烃回收工段工艺路线

反应气混合物经过空冷器（E0301）和水冷器（E0302）降温至 40 ℃，减压后直接进入反应产物分离器（V0301）中进行气液分离，罐顶富气进入富气增压系统，增压及冷却后，与轻烃吸收塔底油及轻烃解吸塔塔顶富气，进行油—气两相混合，该混合物经富气冷却器（E0305）冷却后进入油气分离罐（V0303）进行油气两相分离。

（4）吸收、解吸分离工段

本工段工艺路线如图 3-1-7 所示。

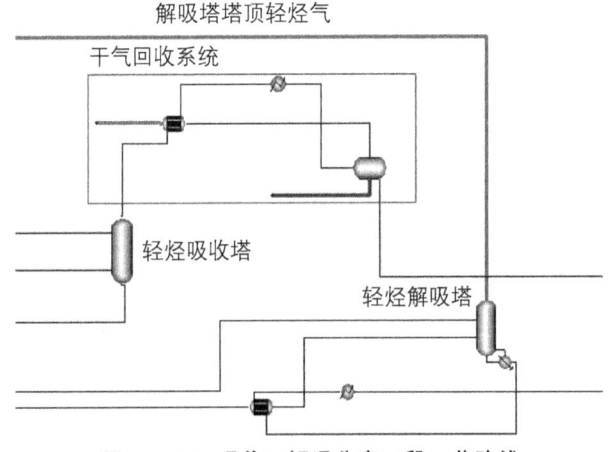

图 3-1-7　吸收、解吸分离工段工艺路线

分离后的气相进入轻烃吸收塔（T0401），轻烃吸收塔塔顶气体经过换热、冷却后进入干气分离罐（V0401）进行气液分离，液相进入稳定塔，干气送至PSA装置（变压吸附氢提纯装置）回收氢气或者送入加热炉当作燃料。油气分离罐液相分成两股送入轻烃解吸塔，一股物流进入塔顶，另一股与轻烃解吸塔底油经换热器（E0403）换热后进入塔中，而轻烃解吸塔塔底油送至稳定塔（T0501）进行分馏。

（5）稳定回收工段

本工段工艺路线如图3-1-8所示。

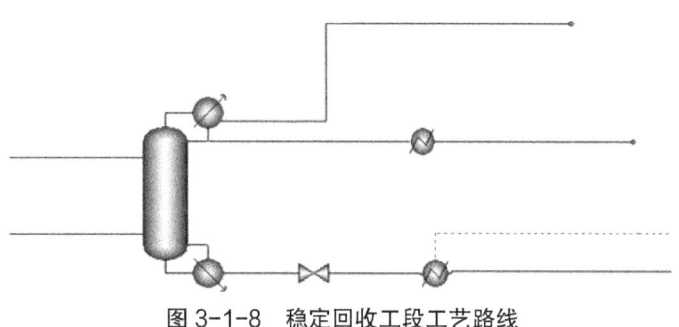

图3-1-8 稳定回收工段工艺路线

稳定塔塔顶进料，一股来自干气分离罐（V0401）的液相流股，另一股来自轻烃解吸塔塔底油。稳定塔顶气相出料为液化石油气，塔底稳定汽油先与苯塔塔釜进行换热，然后经过水冷器降温至120 ℃送至下游装置进行芳烃分离。

（6）芳烃分离工段

本工段工艺路线如图3-1-9所示。

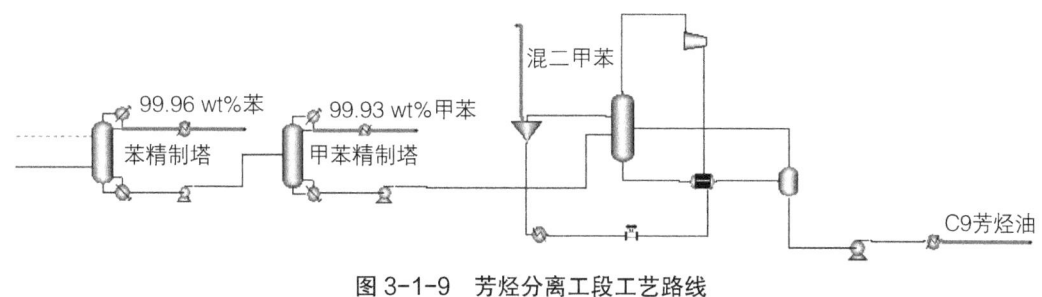

图3-1-9 芳烃分离工段工艺路线

该工段又分为苯—甲苯精制单元和混二甲苯塔热泵精馏单元。

1）苯—甲苯精制单元

此单元进料为稳定回收工段的塔釜气相混合芳烃重组分，其主要目的是分离出高纯苯和甲苯产品，99.96 wt%苯产物从苯塔（T0601）塔顶得到，从塔底流出的较重的芳烃随后被泵送至甲苯塔（T0602）。99.93wt%甲苯从甲苯塔塔顶得到。

2）混二甲苯塔热泵精馏单元

自苯—甲苯精制单元的甲苯塔（T0602）来的混合液含混二甲苯、C9重芳烃及少量甲苯，由于本设计工艺混二甲苯塔热泵精馏单元的精馏塔（T0603）需要大量的蒸汽进行加热，塔釜负荷高，塔顶有大量蒸汽，另外塔顶温度和塔釜温度相差不大，因此，本项目采用塔顶蒸汽直接压缩式热泵结构。塔顶蒸汽经压缩机（C0601）压缩至4.5 bar，温度升至206.06 ℃，经换热器（E0603）为塔釜物料进行换热，换热冷凝至176.85 ℃后通过减压阀（P0604）至1.61 bar部分回流、部分采出，塔釜液体温度为178.6 ℃，部分经换热后形成蒸汽返回塔釜，部分采出降温后至C9重组分储罐区。热泵精馏塔塔顶得到99.96 wt%石油混合二甲苯，塔底得到石油C9重组分油。

1.8.5.4 节能降耗、热集成

对整体流程采用夹点技术进行换热网络设计，最小传热温差与总费用关系如图3-1-10所示，从而可以得出最经济的最小传热温差位12 ℃。

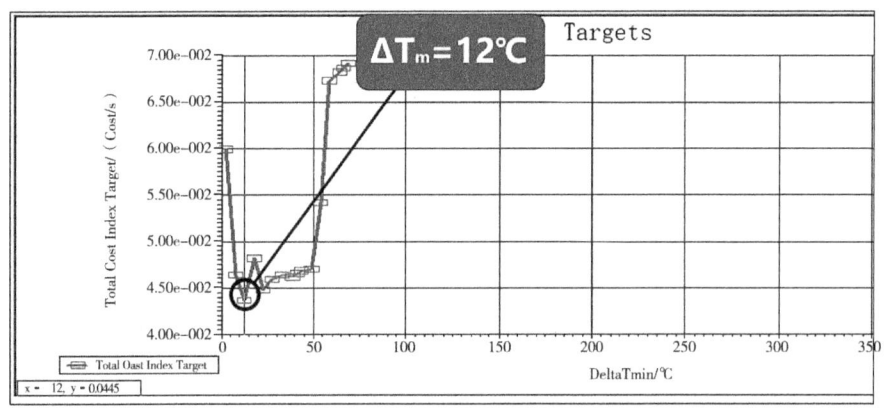

图3-1-10 最小传热温差与总费用关系

物流温焓图如图3-1-11所示，从图中可以看出在夹点附近有温差相近的平台区，可以采用热泵技术。

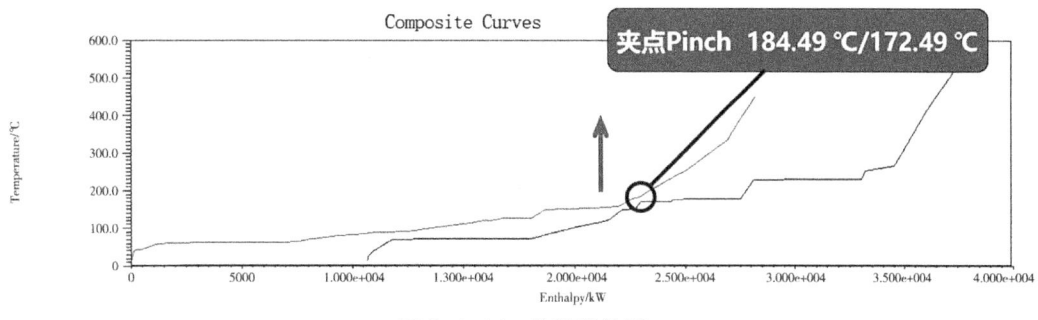

图 3-1-11　物流温焓图

进一步分析可知，T603 二甲苯精馏塔可以采用热泵精馏技术，如图 3-1-12 所示。

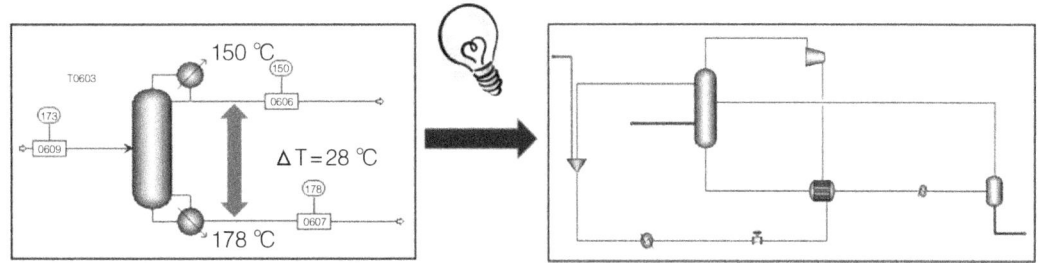

图 3-1-12　热泵精馏技术示意

节能效果如表 3-1-13 所示。

表 3-1-13　节能效果

项目	热泵技术
冷公用工程能耗 /kW	377.22
热公用工程能耗 /kW	0
压缩机功耗 /kW	372.38
综合节能 /kW	6255.41
操作费用 /（万元 / 年）	459.16
综合费用 /（万元 / 年）	696.84
费用节省 /（万元 / 年）	198.44

再对整体流程采用夹点技术进行换热网络设计,得到使用热泵精馏后的工艺流程的物流温焓图(图 3-1-13)。

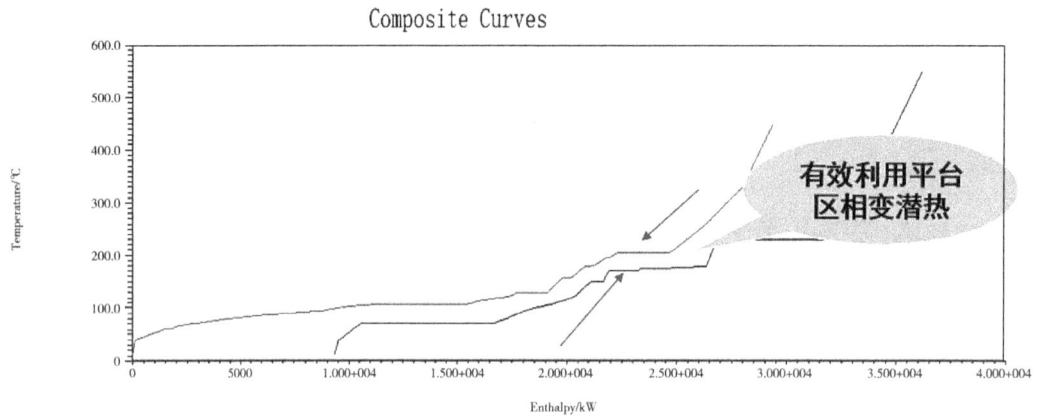

图 3-1-13　使用热泵精馏后工艺流程的物流温焓图

从图 3-1-13 可以看出使用热泵精馏技术后,有效地利用了平台区的相变潜热。对整个流程使用换热网络优化,图 3-1-14、图 3-1-15 是优化前和优化后的换热网络。

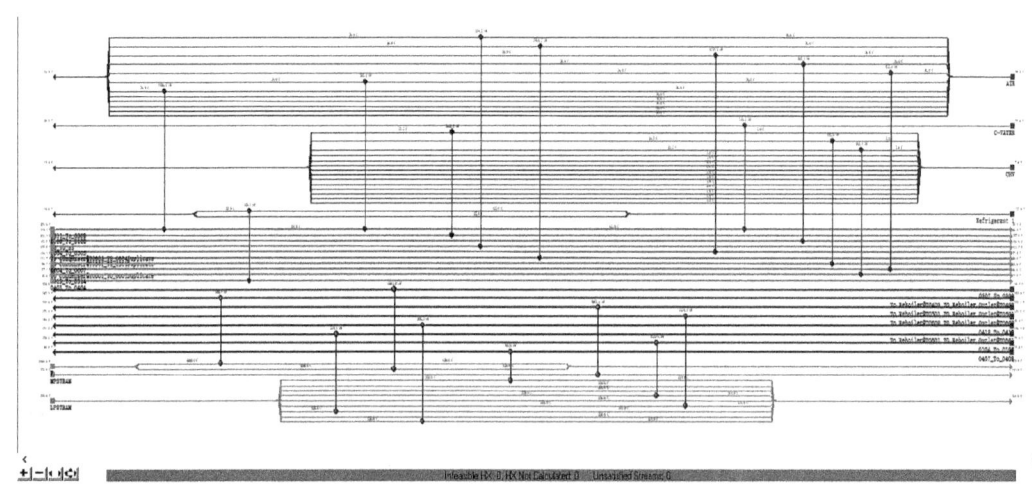

图 3-1-14　优化前的换热网络

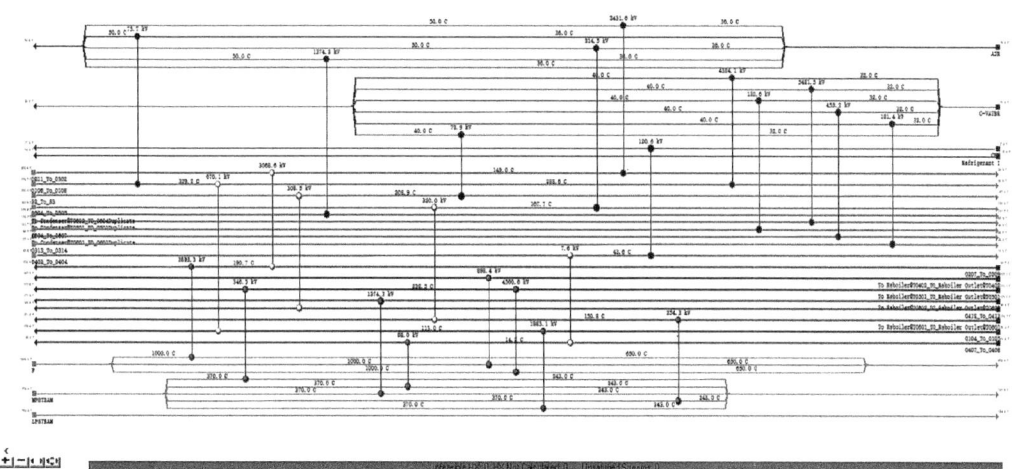

图 3-1-15 优化后的换热网络

优化后的结果如表 3-1-14 所示，可回收能量 16 112 kW，优化效果为 46.5%，单产碳减排 0.359 吨标准煤 / 吨产品。

表 3-1-14 优化后的节能效果

项目	热公用系统 /kW	冷公用系统 /kW	总计 /kW
优化前	28 220	28 020	56 240
优化后	15 731.6	14 375.8	30 107.4
优化效果	44.25%	48.69%	46.46%
每年碳排放减少量	1.04 万吨标准煤		
每吨产品碳排放减少量	0.359 吨标准煤		

1.8.5.5 设备及选型

本工艺共计使用各类设备 160 台，所使用的设计软件有：Aspen Plus、HTRI-Xchanger、SW6—2011、KG-Tower、智能选泵软件。所遵循的设计标准有《化工工艺设计手册》《钢制立式圆筒形内浮顶储罐系列》《塔器设计技术规定》等。对塔设备、反应器、气液分离器和加热炉进行了设备设计；对泵、换热器、储罐和压缩机进行了设备选型。

反应器的设计在 Aspen Plus 模拟的基础上，根据专利 CN 104496743A、CN 2865844Y 和 CN 201776133 U，采用甲醇和正戊烷耦合共芳构化反应技术。使用新型芳构化反应器——一种绝热固定床反应器,反应器内部使用了新型气体分布器,使得气体分布均匀、芳构化热效应平稳过渡、反应控制平稳且集中、结构简单、造价低廉、节能。使用绿色高效催化剂——纳米改性 ZSM-5 分子筛催化剂。

塔设备的设计,根据塔的形式,使用流程模拟软件优化计算了塔板数、塔内径及塔内件与附件的尺寸,然后使用 KG-Tower 进行设计及水力学校核,使用 SW6 进行强度校核。在塔的设计中创新性地使用了高效塔盘。

换热器的设计,首先使用 Aspen Plus 针对换热器的任务确定工艺参数,根据《热交换器》《化工工艺设计手册》采用 HTRI-Xchanger 进行选型、结构设计并校核,采用 SW6-2011 进行机械强度设计及校核。在换热器的设计中根据换热的特点和任务要求创新性地使用了新型高通量管和新型螺纹管。使用新型的高效复合型管式空冷器。

气液分离器中采用了新型高效丝网除沫器。因为芳烃毒性强及传统泵的密封性能并不能达到安全生产要求,流体输送设备采用了新型磁力驱动泵。

1.8.5.6 控制系统

控制系统采用 DCS 集散控制系统和 SIS 安全仪表系统相结合的控制方案。DCS 系统是"动态"系统,用于过程变量连续检测、运算、控制,对生产过程动态控制,保证生产装置平稳运行,确保产品质量。SIS 系统为"静态"系统,用于监视生产装置的运行状况,对于出现的异常工况迅速进行处理,使故障发生的可能性降到最低。

对于控制要求高的核心关键设备 T0602 甲苯精制塔,采用了 Aspen 动态模拟指导并验证控制方案的选择。

1.8.5.7 厂区及车间布置

根据原料、配套设施、交通和政策等,厂址选择辽宁省大连市长兴岛经济区石化产业园区。该园区紧邻总厂,抽余 C5 及辅助原料等供应充沛;公用工程依托总厂,产业园区配套基础设施健全;建有高速铁路、专用铁路、专用公路;3 个 7 万吨通用码头;3 个空运口岸;交通十分便利。厂区占地面积为 33 万平方米,绿化率达 16.9%,根据该地区的风玫瑰图对全场进行布局与设计。使用 plant 3D 对全场及每个车间进行三维设计与三维配管。

1.8.5.8 环境保护

通过流程模拟软件,计算出废液、废气、废固的排放量,并对三废进行了资源化处理。使用 Screen3Model 软件进行了大气污染评估,符合排放标准。

对系统进行了安全分析、MSDS 数据收集、HAZOP 分析、Risk System 分析、ALOHA 分析、水质评估、噪声评估和有毒气体检测。

1.8.5.9 经济分析

采用朗格系数法，使用 Aspen Process Economic Analyzer 经济分析软件进行初步经济分析。固定资产 8771.9 万元，无形资产 550 万元，递延资产 496.5 万元，预备费用 1472.7 万元，项目总投资 1.77 亿元。总成本费用 6.38 亿元，销售收入 7.78 亿元。静态投资回收期 3.89 年，投资利润率、投资利税率和资本金净利润率均高于行业标准。动态投资回收期 4.87 年，财务净现值 18 285 万元，财务内部收益率为 16.05% > 12%（当年石油行业基准收益率），均符合化工行业要求。产销盈亏点为 4.24 万吨/年，说明该项目抗风险能力强、竞争能力强、生命力强。对产量、经营成本和产品价格进行了敏感性分析，结果表明该项目抗风险能力强。

1.8.5.10 项目总结

在资源化利用方面，本项目以抽余 C5 为反应原料，并对三废进行了资源化利用。在产品结构方面，本项目产品为 BTX 和异戊烷发泡剂，副产品为 C9 和干气，产品多样，具有较强的抗风险能力。在反应技术方面，采用甲醇正戊烷耦合共芳构化制取富含 BTX 混合物的技术，双固定床反应器与催化剂分离再生集成技术。在高效分离新技术方面，采用吸收塔两段中段回流技术、吸收稳定分离系统、精馏塔多股进料技术、三相采出精馏塔的运用。在新型过程设备方面，采用新型绝热固定床反应器、高效塔盘、高通量管、横纹槽管、高效复合型管式空冷器、新型磁力驱动泵、高效除沫器、轴向流固定床反应器、新型气体分布器、气体出口收集装置。在环境保护技术方面，废水采用化学处理法+生化处理法+SBR 工艺、废固回收处理、废气经资源化利用后排放符合国家标准。在过程节能技术方面，采用系统热集成技术、热泵技术、综合利用加热炉低温热能、利用相变潜热。在自动控制技术方面，采用 DCS 集散控制系统、SIS 安全仪表系统。项目的绿色发展 2025 指标落实情况均符合《中国制造 2025》要求。

结论：项目创新性好、安全环保、经济节能。

1.8.6 创新点和特色

① 本工艺流程以此实现了 C5 抽余油资源化利用，满足《石化和化学工业"十三五"发展规划》中第三章主要任务和重大工程中"基础产品强化保障工程"的"加快现有乙烯装置升级改造，提升加工深度，增强国际竞争力。加快推动芳烃项目建设，弥补供应短板。着力提升资源利用和环境保护水平，提高装置竞争力"要求。

② 本次设计实现了产品方案的高选择性和灵活性，保证经济效益的最大化。在实际生产过程中，利用本项目设计的工艺流程，可以根据实际市场需求灵活调节芳烃、异戊烷等产品的产量，以实现最佳的产品结构方案。

③ 采用高效绿色纳米改性 ZSM-5 分子筛催化剂。

④ 甲醇正戊烷热耦合芳构化生产芳烃工艺单程转化率低，故为了综合利用原料，采用反应原料高度循环的方案，将主要原料氢气进行循环，在保证反应体系内物料充足的同时，大大减少了物料的单程进料量，节约了原料与能源。除原料的循环利用外，为了避免合成产品在精制分离过程中的不必要浪费，本项目在对分离液化气和干气的操作上用到了吸收稳定系统的方案，对吸收塔塔底的芳烃和稳定塔塔顶的气体进行高度循环回收，大幅减少了产物的跑损，在实现提升产物回收率的同时减少了三废的排放，为后续的三废处理提供了很大的方便。

⑤ 采用先进的甲醇—正戊烷热耦合芳构化技术。

⑥ 芳构化反应与催化剂分离再生耦合技术。

⑦ 创新性地采用了吸收塔的两段中段回流技术。

⑧ 稳定塔三相采出精馏。

⑨ 使用夹点技术进行了过程热集成。

⑩ 采用了热泵精馏技术。

1.8.7 烷事大吉队经验介绍、创新小故事

（1）经验介绍

化工设计竞赛，不同于其他任何学科的比赛，其不仅需要能力，还需要抗压、合作和团结精神。

任何一支队伍从参赛到完成作品，一定会走弯路，团队所能做的就是尽量减少走弯路。一开始比赛，没有比赛的经验，这种高强度、高难度又需要 5 个人充分配合的比赛，很容易就会放弃和被打垮了。

每个队伍都应该咬紧牙关坚持，只要坚持努力，都能走到最后，即使作品没有全部做完，也应该把自己所完成的部分作为作品提交（每年提交成功的作品里，都有很多是没有做完的，但是评审老师都会对每一个作品认真对待，认真打分）。

因为大家包括老师都知道，这个比赛只要能坚持到 7 月 20 日（提交作品截止时间）没有放弃，不管有没有做完作品，都已经做到最好了，不管团队与别人目前在作品上的差距如何，都可以相信，自己与最优秀的那一群人，在坚持不懈、自主学习、自我约束、自我超越上，并没有什么不同。

这个比赛很难，如果你坚持不了这五六个月，那从一开始你就不要加入。在加入比赛之前，你做出任何决定都是可以的，没有对错，很多人会因为考研或者其他安排而不参赛，这都是自己的选择。但是你要是在比赛之中轻言放弃，或者表现出退缩，那你有

可能会成为这个团队崩溃的导火索。

这个比赛需要学会的第一件事就是负责。对自己负责，对团队负责。这个比赛需要完成的是一个设计院几十个设计人员耗时数年完成的任务，而时间仅仅只有五六个月，而且对其中的专业知识可以说一无所知，这是团队将要面临的，这一点无法改变。

但也需要庆幸团队不是一个人在战斗，团队有5个人。庆幸所做的不会用到工业上，不然肯定进去的是原料，出来的也是原料。庆幸做的东西比真正设计院做的要简单很多，应该还是可以做完的。大家只需用乐观的心态来看待比赛，用强悍的心理来面对所遇到的一切困难。这个比赛，只需要做到一点，不向自己低头。

统计几年的设计竞赛发现，能不能提交作品、获奖的等级高或者低，其实对于学习能力在中上水平的人都是一样的。并不是说别人的团队都是年级前几的，就一定比你厉害。完全不需要有这种想法，这个比赛和上课考试不一样，搜集资料的能力、学习软件的能力在这个比赛当中都会成为关键性的能力。

左右作品进度的，是团队协作。一个好的团队不代表内部一定不起争执，相反，有一些争执说明团队中的每一个人都希望作品能够更好，大家只需要好好地解决争执就好。

成为一个好团队，第一责任在于队长，这个比赛当队长真的很难，该完成的工作一样不少，他还需要给每个人分配工作内容，并尽可能地做到公平，需要时刻观察每一个成员的状态，必要的时候还得会讲道理。作为队长，需要以身作则；作为队员，需要理解队长的难处。

一个好的队长，需要做到的是任务分配，但是直接对队员说：你们俩负责流程模拟、你们俩开始学习图纸、你学习换热网络。大家觉得这叫分配任务吗？请大家想一想这样分配任务和没分配有区别吗？答案是没区别。人生来是懒惰的，没有约束就会变懒惰，这样一个任务分配是没有任何作用的。

队长分配任务应该是这样的：

你觉得你这周把闪蒸、换热器、泵、压缩机和塔设备这5个模块学习完，能完成吗？可以是吧，好！

这周把PFD的图纸要求、规范和CAD的基本操作熟悉可以吗？可以，那就说定了。

这周你好好看看往年队伍的反应器设计部分，看看他们的固定步骤是什么，那些东西是怎么计算的，有哪些问题，大家可以在下周开会的时候讨论一下。

这个换热网络你觉得你几周能学会？2周行吗？3周可以是吧，好！

在下周开会的时候大家把自己的进展都汇报一下，有哪些没问题了，有哪些遇到了坎儿，有没有查到什么办法，大家可以说出来一起商讨一下。

这才是一个任务分配的过程。作为队长，虽然你可以不会动手画 PFD、不会做换热网络，但是你需要知道有哪些要做，先后顺序是怎样的，需要了解每个过程大概的难度和花费的时间，同时和你的队员商量。这样你才能正确地做出时间安排，而不是说只交代任务，没有 deadline 的任务毫无意义。

不管是作为队长还是作为队员，都有把整个团队团结在一起的义务，很多行为都会影响整个队伍的团结，尤其是不公平和懒惰的行为。

所以我在比赛前期就要求大家把电脑上的所有游戏全部删掉了，如英雄联盟、NBA2K、帝国时代等。在整个比赛过程中整个团队没有在手机和电脑上看过一部电影、一部电视剧。整整 6 个月，团队几乎在朋友圈和空间销声匿迹。

作为一个队长，就需要以身作则，把自己要求得更严格，这样才能把整个团队集中在一起。

而且在完成比赛的时候，大家要尽可能地待在一起。这样做就是为了互相监督和互相鼓励，效率一定会成倍提高。当你有懈怠的时候，抬起头看看队友们，我相信你会继续坚持。也许你说我自己也能学习，我就要自己一个人，或许对你自己而言没什么，但这对一个团队而言没有任何好处，其他队员会怎么想？

大家在做模拟的时候，一定要在手边准备一本化工原理。我知道绝大部分参加比赛的同学，还没有上过化工原理专业课。这也是很多人觉得软件难学的原因之一，但是你要知道你没学，难道其他参赛同学就学了？大家都没学，都在一条起跑线上。

所以大家一定要在学习软件的过程中，学习化工原理，要模拟泵了，先看看化工原理泵的介绍；要学精馏塔了，先来看看塔的结构和工作原理，不需要很懂，只需要知道有这么回事了就行。看到了"回流比"这个专业名词，翻开化工原理看看回流比是什么意思，这样你才能在模拟的同时吸收化工原理的知识，这个过程是互相促进的。

因为有些过程你真的需要自己学习知识作为支撑，不然你是做不出来的。很多同学模拟一个塔设备出错了，显示错误和警告了，然后呢？然后就什么办法也没有，因为照着孙兰义的教材模拟没有出错啊，很顺利啊，出错了我怎么知道怎么办。

不管你是照着书本学习还是买了课程学习，在案例实操部分就只是为了帮你快速熟悉整个流程和参数。并不会，也没办法教你出错了该怎么调。

大家千万不要认为，我用软件模拟，就可以什么都不算，什么都不管，如果你没有掌握化工原理的知识，你怎么会知道精馏塔干板了，应该调什么参数？纯度没达标，动哪个参数可提高纯度，对，是应该调回流比和塔板数，但怎么调呢？增大回流比或者增加塔板数。这些都是化工原理告诉你的，如果你不自己学习化工原理，就不会知道。

尤其是对于塔设备，模拟还算是简单的，到了水力学分析的时候怎么办？什么是液泛？什么是雾沫夹带？漏液了我应该调节哪一个参数？学过了化工原理，熟悉了精馏塔的结构，我们就知道漏液了，就可以适当地提高气相的流速、提高气相的流速，我们可以适当缩小塔径或者适当减少塔板上面的开孔数。这些都是化工原理教的，如果你不掌握，那么水力学分析只能是瞎猫碰上死耗子，还得是运气好。

大家在学习Aspen的时候如果出现了问题，首先要记住，解决这个问题99%只能靠自己。大家不要模拟出现警告，就截个图发QQ群，问：有没有人知道这个问题怎么解决？很抱歉，Aspen的一个错误或者警告，除了几个特殊的错误，其他的可能有上百个原因，也可能有十几种解决办法。这些都取决于自己的流程和你自己输入的参数，而这些最熟悉的只有你自己。而且，我们在寻求别人帮助的时候，不管熟悉与否，都需要记住一点，别人可以帮你，但别人没有义务一定要帮你，这也是为人处世需要注意的一点。

在这里可以告诉大家的是：如果你是在学习孙兰义老师的案例，照着输入结果出现了错误，那么这种错误你就不用去问别人了，因为99%就是你自己在某个地方输入错误导致的，有可能是单位选错了，有可能是数字输入错了，你需要做的就是重新从头开始模拟一遍。

如果是自己的流程出现错误，那就自己先翻译一下错误信息，看看自己能不能理解错误的含义，抑或是百度一下，一般在马后炮化工或者海川化工论坛上可能会有解答。而如何判断出错误的原因，就只能靠你现学的化工原理了。

学习Aspen的过程确实是痛苦的，有可能就这一个循环，你跑了两个礼拜依旧无法收敛，可能一个参数你调了数百种情况才成功，作为Aspen的初学者尤其还是现学化工原理的人，这太正常不过了，但是当你专业知识积累得越来越多的时候、软件操作越来越熟练的时候，这个过程就会越来越简单，因为你有了经验有了教训，填写参数的时候就会更加合理。

问题简单的时候，我们一定要尝试自己去解决，这样才不至于当更困难的问题来临时而手足无措。

心里好好想想，凭什么别人会我就不会？边模拟边学习专业知识，就是Aspen学习的关键！

很多参赛的同学都会有一股劲儿，那就是我一定要得到最优的结果；或者说这个地方我没搞懂，我一定要搞懂；我这个设计工业上是不是实现不了我一定要搞懂；我这个设计工业上是不是实现不了啊；这样搞老感觉有问题啊；等等。还有就是我们会在一个选择上犹豫不前，因为好像各有各的好处、各有各的优势，我一定要分出来哪个更好，然后选那个更好的。

确实我们需要有探索求知的精神，你甚至可以为了一个细节深究探讨得很详细，但是这是建立在有充足时间的基础上的。对于化工设计竞赛，很抱歉，时间正是最紧张的。

我们需要控制好每一个决策的时间，不能拖太长。解决的办法其实不难，作为队长，有责任规划好时间。例如，这个问题我们必须在 × 月 × 日之前确定，不然我们后面的时间就不够了，在截止日期前，我们需要把所有可能的选择和该选择的优缺点尽可能地列出来，对于缺点过多的选择，不需要过多地深入查找，最终在截止日期前找到一个或者几个相当的选择并通过全队的最终商议确定唯一的选择。确定完了之后就盖棺定论，一定不要重新讨论。

当然还有一些顾虑你们完全不需要去考虑，如工业上可不可行，文献里面的原料来源对不对、可不可用。请大家注意！化工设计竞赛考察的是你化工专业知识的掌握，不是来考察你对文献中基础信息准确性的判断力，你又不是面试情报机构！只要你能查到的原料信息或者关于工艺的描述信息，我们都可以用，而且文献当中的信息基本上是准确的，作为本科生的你，连文献里面的信息你都不信，你还能信什么？

有人又说，这个文献里面的数据是好几年前的，现在工厂工艺改造数据肯定变了啊。变了那又怎么样？你做出来的东西本来就不会用于实际项目，比赛的目的是什么，考察的是什么，我们得记住。一定不要纠结这些没有必要而且也没有办法验证的问题，与其纠结原料组成，我觉得还不如纠结一下用什么工艺产什么产品更有意义和价值。

（2）创新小故事

队长的小故事（一）

队长在团队中前期是负责流程模拟的，当时已经跑通全流程了，但队长检查发现流程最开始的工段精馏塔的模拟出现了严重错误，而为此，后面的工段及整个流程的大循环小循环全部需要打断重新收敛。

那种感觉就像是解一道很难的题，花了两三个月从头到尾给解完了，里面还有很多迭代的公式。但是检查的时候发现第一行的公式用错了……

队长说，除了生自己的气，自责，还很害怕。自己不仅仅是队员，还是队长，因为自己这里需要再多花费两个星期的时间，那么后面留给队员换热网络和 PFD、PID 的时间整整少了两周。那段时间队长大脑完全不敢停下来，因为只要大脑不思考关于流程模拟的事情，那股害怕和无形的巨大压力就会立马冲进他的大脑。那段时间队长基本上待在宿舍里不断改流程，吃饭也是点外卖或者让队友帮忙带。刷牙的时候队长需要大口吸气呼气让自己保持平静和稳定，晚上睡觉有几天整夜失眠。

可是，他熬过来了。

他心里想：流程模拟完了，这下子可轮到队友他们这几个换热网络和图纸的人难熬了（虽然说队长自己后面的任务是塔设备设计还有强度校核）。他们也熬过来了。人不

1 凝心聚力，精益求精——全国大学生化工设计竞赛

逼自己一把，不知道自己还能这么牛！

队长小故事（二）

队长说他自己是一个比较固执的人，脾气有时候也不是特别好。他说，"按理，我应该是不太适合当队长的。但是因为我自己的比赛经验更多一些，在很多比赛中也是当队长，所以他们就说让我来当队长"。在比赛过程中队长也和成员间闹过矛盾，事情很小，仅仅是因为一张 PPT 背景而已。其实也是队长习惯把事情自己扛着，不怎么会向别人倾诉，比赛过程中心中积累了几个月的压力有点受不了了，所以就发了脾气。当然他知道队友确实是对的，所以队长最后还是采纳了队友的意见，大家也都是继续完成自己的部分。队长很感谢队友们，谢谢他们的理解。

所以当队长不要像他这样，这样是不对的，对于队长而言，有压力需及时倾诉，憋坏了自己也影响了团队。

团队小故事（一）

队长比赛后期还需去湖南大学参加夏令营，3 天时间，那时候作品已经做到图纸厂区这一块了。有一个队员，因为自己要准备考研究生，当时看着队长还有另外两个队员在准备推免保送研究生的材料时，心里面就很着急。那段时间他的压力非常大，所以心里很乱。这些事情大家相互鼓励、相互沟通、相互安慰，最终我们还是坚持了下去。

会议是必要的，和老师的交流也是必要的。什么类型的会议都可以，每周定一个时间坐一起开会讨论。会议不仅能起到督促每个人完成自己任务的作用，而且能够让每个人看到自己队友的飞快进度后，在心里面给自己加把劲。你可以认为这是一个内部竞争的会议，而这个比赛靠的就是每个人都争分夺秒，你这次比我快，那我这周就要加快我的进度了，不能给队友拖后腿。如果说你的团队，虽然发生了争执，但是争执过后，依然可以自己做着自己的事情，不耽误作品的进度，并且能够有人妥协，那这个团队也是一个很优秀的团队。

团队小故事（二）

在交流群中，队友看到很多人会在比赛开始阶段来问一些软件的资源和教程，如问什么 Comsol 软件的、问 Water Design 的、问 Aspen Dynamics 的、问 Aspen Absorption 的。为什么现在就来学这个呢？是看起来高大上吗？还是看起来很简单？

人有悲欢离合，事有轻重缓急。每一个队伍，每一个队员都要摆正自己的位置，看好自己的目标。即使是想拿特等奖的队伍，现在也不是学习 Comsol 和 Aspen Dynamics 的时候！

要想把作品做好的心是可以有的，但是请务实一点，你们现在的任务是做完作品并提交。任何事情请以完成作品为第一要务。

这个任务很简单吗？不简单，你需要干掉 50% 的队伍，因为有 50% 的队伍连作品都提交不了，你觉得你有信心成为那剩余的 50% 吗？信心是一定要有的，但还需要正确的认识。

如果你是来参赛的，那么这个时候学习 Comsol 和 Aspen Dynamics 或者一些稀奇古怪的小软件对于提交作品和作品评分有什么好处？答案是没有任何好处，只会浪费你的时间。7 月 20 日提交的作品，会根据每一年的评分细则进行评分，评分细则里有这些软件的分吗？没有，一分都没有。

就算是进入全国排名前六十的队伍，每支队伍都用了 Comsol 吗？都用了 Aspen Dynamics 吗？都用了这些小软件吗？没有！

与其花时间学习这些暂时没用的软件，为何不学习一些必须学习的软件呢？在这个时期，你们要学的软件就 3 个：Aspen Plus、AutoCAD、Aspen Energy Analyzer。你们要学习的内容就是流程模拟、PFD、PID、换热网络。

什么配管、三维、渲染、设备设计、HAZOP 分析，都是后面的事情。你现在把学习 Aspen Plus 的时间都去学习三维配管了，那你学到的三维配管有用吗？流程跑不出来，配管就算做出花来有用吗？没用。

所有每个参赛队员，都需要明白这个道理，队长更要明白这个道理。现在我们的目标就是提交作品，我们当然需要全力把作品做好，但我们的劲儿不能往错误的地方使。为何不把时间放到找好的产品、好的工艺、好好学习图纸的规范上呢？

这些软件应该什么时候再去考虑学呢？如果你们做得足够快，当你把该完成的都完成了，所有的材料都准备完毕了，还有时间再来考虑这些吧。或者 7 月 20 日提交完作品并且知道自己进赛区决赛的时候，再来考虑这些软件吧，那段时间到赛区决赛还有 10 天左右来补充这些东西。

团队小故事（三）

我们参赛当时做的那些 CFD 模拟、Aloha、Aspen Dynamics、Screem3model 等都是在赛区决赛前或者全国总决赛前完成的。如果没有机会站上分区赛或者总决赛答辩的讲台，那前面不管做多少这些东西，都是没有用的，作品评审又不评这个。

一直都有一些同学在群里面问软件用啥版本？我心里想的是：你看一遍往年作品，用啥软件啥版本不是一清二楚？我们是大学生，我们小时候被教育要多问问题，但现在我们需要的是先自己去尝试解决问题。

问得最多的就是 Aspen，我也说过很多次，Aspen 现在建议使用 V10 或者 V11 版本，尽量不要使用更低的版本，因为没有水力学校核功能，尽量不要使用 V12 版本，因为 Aspen 是向下兼容的，如果你用的是 V12 的文件，老师的电脑上是 AspenV11 版本，那么老师基本上是打不开你的文件的，不管你提交的是什么文件！

我们安装软件版本不能过高，我们选择版本的目的首先是能够满足我们的所有设计要求，其次是版本不能太高，尤其是 Aspen 这种只向下兼容的。AspenV11 是最为稳妥的选择，因为在 2018 年就已经要求所有评委老师安装 V11 版本了。现在可能有一些老师安装 V12 了，2019 年也有队伍使用 V12，但是安装 V12 的绝对寥寥无几。

我们所能做的就是尽可能地减少评委老师和主办方的工作量（如果你的版本太高，评委老师就只能去借别人的或者主办方的备用电脑抑或打电话叫你带着自己的电脑去跑一遍），然后选择最为稳妥的方式。

其他的软件版本基本上没有什么要求，AutoCAD 什么版本都无所谓，推荐使用 AutoCAD 2021 或者 AutoCAD2016。因为 AutoCAD 是可以选择另存为低版本格式的（也就是 2004 版本格式）。

团队小故事（四）——Aspen 学起来真难

不管学什么大型软件都难。有很多同学会说 Aspen 是全英文的，学起来太难了。

但是孙兰义老师的书的教程界面也都是英文的，你要是一边拿着个中文版的软件，一边拿着个英文版的教程，你怎么学？你只能根据位置来判断。

大家不要一看到英文就怕，我可以给大家保证，你照着孙兰义老师的教程学，把每一个你用到界面的英语的意思记下来，边学习软件边熟悉英文的意思，接触 Aspen 一个礼拜，你就会对英文界面完全不陌生了，而且你真正用到的 Aspen 的功能其实并不多，其他的英文什么意思不用管，你知道自己用的那部分是什么意思就可以了。

如果学的是英文版本的，再去看 Aspen 中文版，怎么看怎么别扭，有些名词的翻译真的不准确。英文版的对于我们理解这个专有名词会更有帮助，因为更准确。

写在最后

在整个设计竞赛的过程中，我们曾经也不止一次想过，自己当初为什么要参加这个比赛？好好在学校上该上的课不好吗？受这罪干啥？但是最终我们团队的每一个人都熬过来了。为了这个比赛，一起熬过多少个日夜，我和队友们算是比较"惨烈的"；因为这个比赛还进过医院（当然，大家一定要劳逸结合，千万不要硬撑，该努力努力，该休息还是适当尽量休息的）。现在想想，真的是一段难忘但是永远不想再来一次的经历。但是我们也很自豪，原来自己是可以这么努力的，将来无论做什么事，再也难不倒我了。

人总要经历一些，才能成长。如果你们决定了，要走下去，那这 5 个月，希望你们都能走到最后，不为其他，只为自己。可能没拿奖，可能没有好的名次，可是那又怎样？我们是一个真正的团队，我们拼过，我们凝心聚力，精益求精。

1.9 案例二：台化兴业宁波苯酚厂年产9.6万吨异丙醇项目

1.9.1 获奖情况

第十五届全国大学生化工设计竞赛全国总决赛一等奖、第十五届全国大学生化工设计竞赛现代设计方法应用优秀奖、第十五届全国大学生化工设计竞赛华南赛区特等奖、湖南省第十一届大学生化学化工学科竞赛（设计类）一等奖。

1.9.2 团队成员

邓兴红、周雅岚、盛恺航、高智、周昀。

1.9.3 指导老师

刘华杰、杨辉琼、颜炜伟、邓人杰、张帆。

1.9.4 背景

异丙醇是一种具有重大工业应用价值的化工产品，广泛应用于油墨、涂料、药品和电子工业等许多领域，尤其是异丙醇在电子工业等应用领域的发展，提供了相当可观的市场发展空间和机遇。近年来我国异丙醇产能增长迅速，而国内异丙醇需求则呈平稳增长，还面临进口产品的竞争。由于我国异丙醇现有产能多基于较为陈旧的工艺和装备技术，与绿色制造水准还有相当大的差距，导致现有产能市场竞争力低下，产能利用率处于低位。我国异丙醇行业要想更好地前进，唯有遵循《中国制造2025》提出的发展方针，以创新驱动，发展资源多元化、低耗、高效、安全、清洁的绿色制造技术，才能迎来我国异丙醇产业可持续稳定发展的前景。

作为中国化工科技界将来的基础和栋梁，我们化工学子应该敢于创新，积极综合运用所学的化学工程知识，探索实现异丙醇绿色生产的先进技术方案。

1.9.5 作品内容

1.9.5.1 作品概况

当前国内的异丙醇生产技术存在工艺陈旧、单程转化率低、反应条件苛刻、催化剂昂贵、流程复杂、操作烦琐、污染环境等缺点。亟须探索一条实现异丙醇绿色生产的先进技术方案。本团队在充分阅读相关文献资料，以及在老师的指导下为台化兴业宁波苯酚厂设计了年产9.6万吨异丙醇的项目。该项目从丙酮出发通过丙酮加氢反应生产异丙醇，有效地利用了异丙苯装置生产过剩的丙酮，得到了附加值高的异丙醇产品。

1.9.5.2 可行性分析

（1）技术可行性

异丙醇的制造工艺主要有以下 4 种：丙烯间接水合法、醋酸异丙酯氢化法、丙烯直接水合法和丙酮加氢法。丙烯间接水合法"三废"污染、设备腐蚀严重，生产成本高；醋酸异丙酯氢化法受原料价格影响大，经济效益不高；丙烯直接水合法单程转换率低，反应条件苛刻、催化剂昂贵，因此我们不选这 3 种方法。丙酮加氢法不良反应少、工艺简单、设备投资少、反应条件温和、能耗低，因此，我们选择该法作为制备异丙醇的工艺路线。近年来由于异丙苯装置制备苯酚的扩能，导致联产的丙酮生产过剩，因此，选择丙酮加氢法具有原料上的优势。选择 Ni- 活性炭催化剂作为丙酮加氢的催化剂具有活性高、选择性高、绿色环保的优点。综上所述，丙酮加氢法是一种非常好的制备异丙醇的工艺方案。

（2）市场可行性

通过表 3-1-15 的建设规模对比，确定本项目年产 9.6 万吨异丙醇。

表 3-1-15 建设规模对比

建设规模	6 万吨异丙醇/年	9.6 万吨异丙醇/年	14 万吨异丙醇/年
技术成熟度	反应器无法达到最大负荷，技术相对成熟	反应器负荷适宜，技术稳定性较好	需多套反应器，技术稳定性待考察
原料来源	母厂丙酮原料充足	母厂丙酮原料充足	母厂丙酮原料充足
产品市场	异丙醇市场略显不足	异丙醇可基本消费	异丙醇可能过剩
可行性	规模稍小，项目可行	规模正好，满足市场需求，具有充足的可行性	规模较大，可能会造成市场供大于求的状况

由图 3-1-16 可知，异丙醇是一种具有重大价值的化工产品。在电子工业领域具有相当广阔的前景，随着新冠肺炎疫情的全球暴发，作为生产消毒剂原料之一的异丙醇受到国内外客户的青睐，需求呈爆炸式增长。

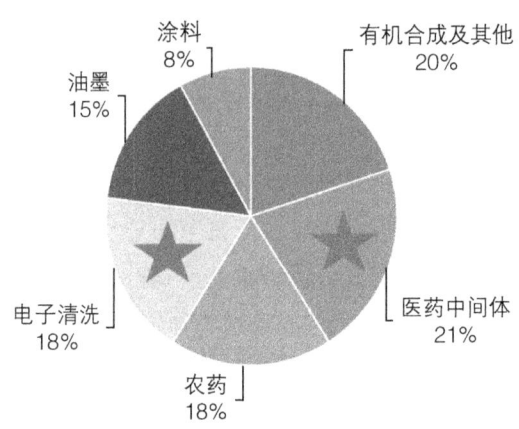

图 3-1-16 我国异丙醇下游需求领域占比

由图 3-1-17 可知,从政策、市场、技术、原料和经济角度综合考虑,本项目是可行的。

综上,本项目市场可行性好。

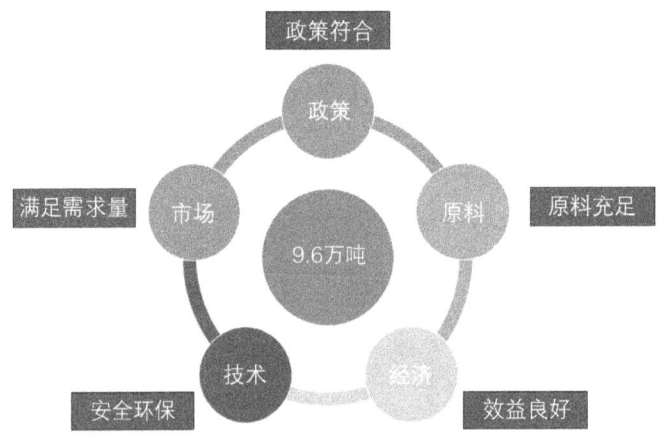

图 3-1-17 项目可行性分析

(3) 系统集成

本项目系统集成如图 3-1-18 所示。

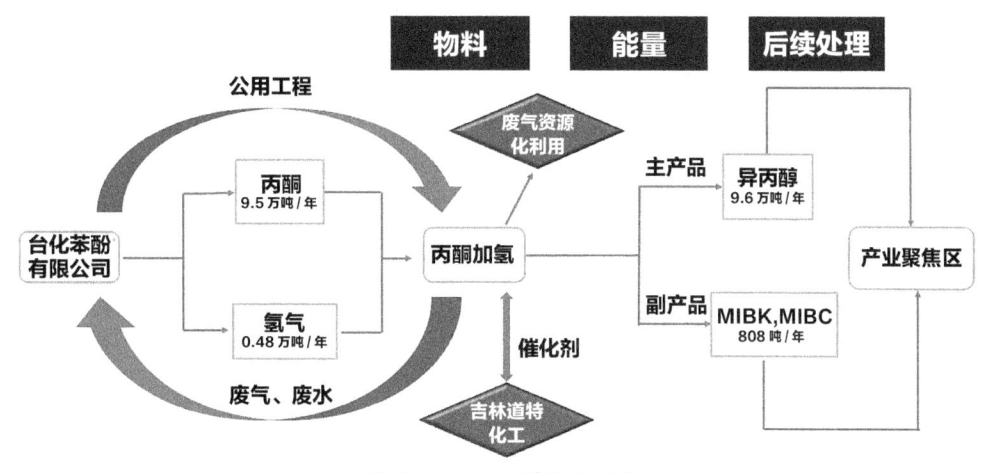

图 3-1-18 系统集成示意

由总厂提供丙酮和氢气,经丙酮加氢后生成主产品异丙醇和副产品甲基异丁基酮(MIBK)、甲基异丁基甲醇(MIBC)去往产业聚焦区就地销售。本项目公用工程来自总厂,废气废水送至总厂统一处理,成功实现了物料、能量、后续处理 3 个方面的集成设计。

1.9.5.3 初步设计

(1)工艺系统

本工艺分为 4 个工段:原料处理工段、丙酮加氢工段、脱氢脱重工段和异丙醇精制工段。

1)原料处理工段

来自总厂和循环的丙酮经屏蔽泵增压,加热后的丙酮进入蒸发塔,自总厂来的氢气经冷凝后进入氢气分液器,脱水后的氢气与循环氢气也进入蒸发塔,自蒸发塔顶部得到的氢气和丙酮气体进入丙酮加氢工段(图 3-1-19)。

2)丙酮加氢工段

反应原料预热至 160 ℃进入丙酮加氢反应器,发生的主要反应为丙酮加氢生成异丙醇,反应器存在两项创新,气体进料分布器使气体分布均匀,并采用新型螺旋折流板。由于丙酮反应为放热反应,用除氧水不断吸收反应热,维持适宜的反应温度,同时除氧水自身部分汽化,产生低低压蒸汽。反应产物经冷凝后进入循环氢分离器,顶部氢气循环至第一工段,底部反应产物送往脱轻脱重工段进行分离(图 3-1-20)。

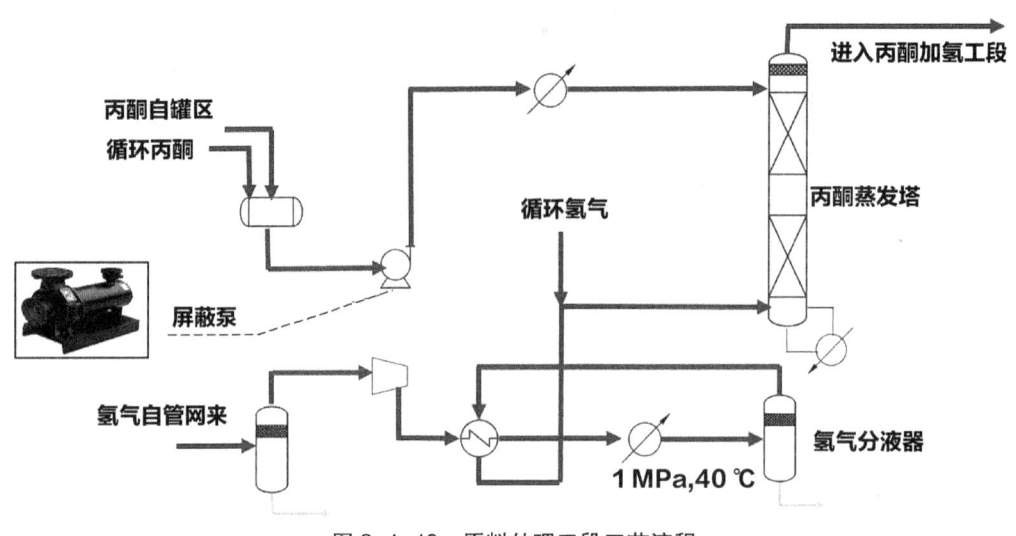

图 3-1-19 原料处理工段工艺流程

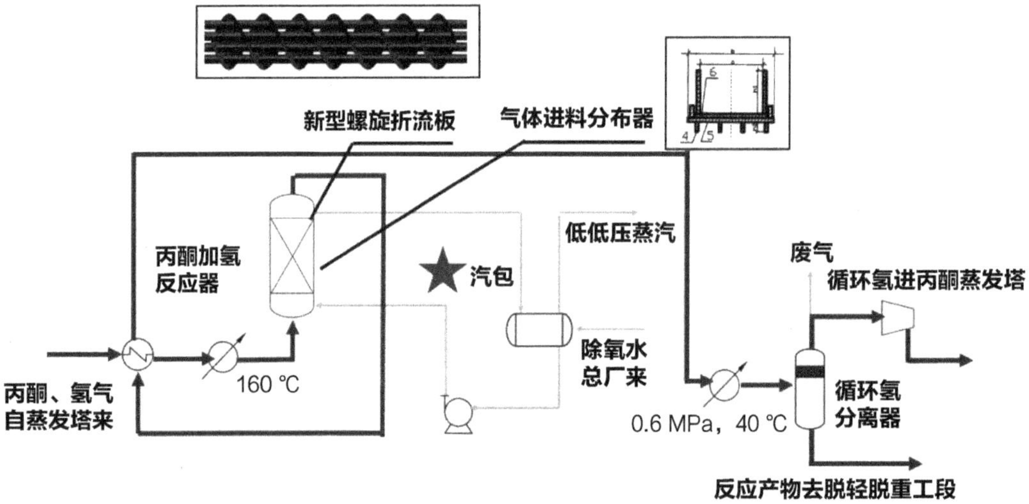

图 3-1-20 丙酮加氢工段工艺流程

3）脱轻脱重工段

反应产物经加热后，进入丙酮热泵精馏塔，塔顶得到循环丙酮，送往第一工段，塔底得到粗产品，进入低压脱重塔，低压脱重塔塔顶得到粗异丙醇进入异丙醇精制工段，塔顶物流进入高压脱重塔中部，塔顶得到粗异丙醇同样进入异丙醇精制工段，塔底得到副产物 MIBK、MIBC（图 3-1-21、图 3-1-22）。这里我们采用有承液区的椭圆波浪筛板塔盘，增加了气—液传质效果。

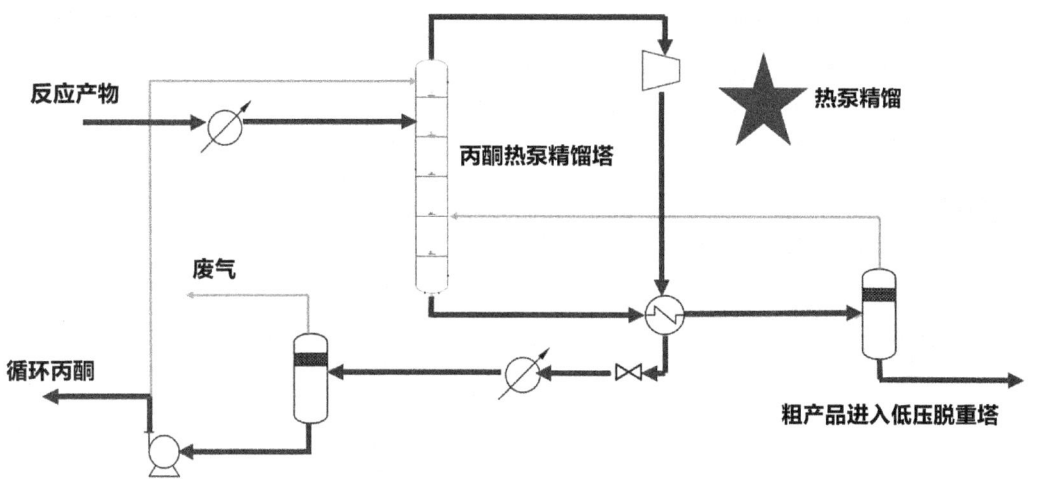

图 3-1-21 脱轻工艺流程

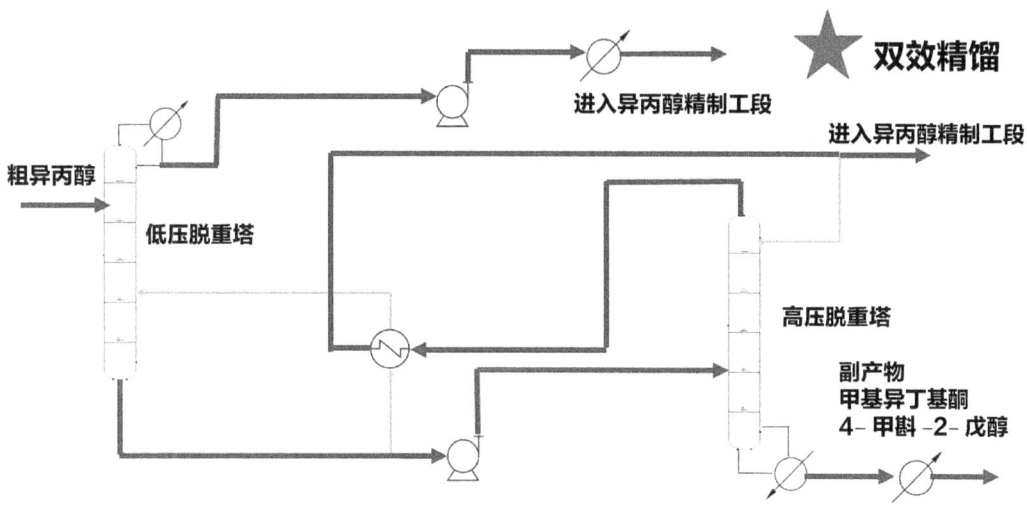

图 3-1-22 脱重工艺流程

4）异丙醇精制工段

采用乙二醇作为萃取剂，改变异丙醇和水的相对挥发度，乙二醇从塔顶进料，萃取塔塔顶得到 99.95% 的异丙醇送往罐区作为主产品，塔底得到乙二醇和水，送往乙二醇回收塔，塔顶得到水，塔底得到乙二醇，循环至萃取塔（图 3-1-23）。

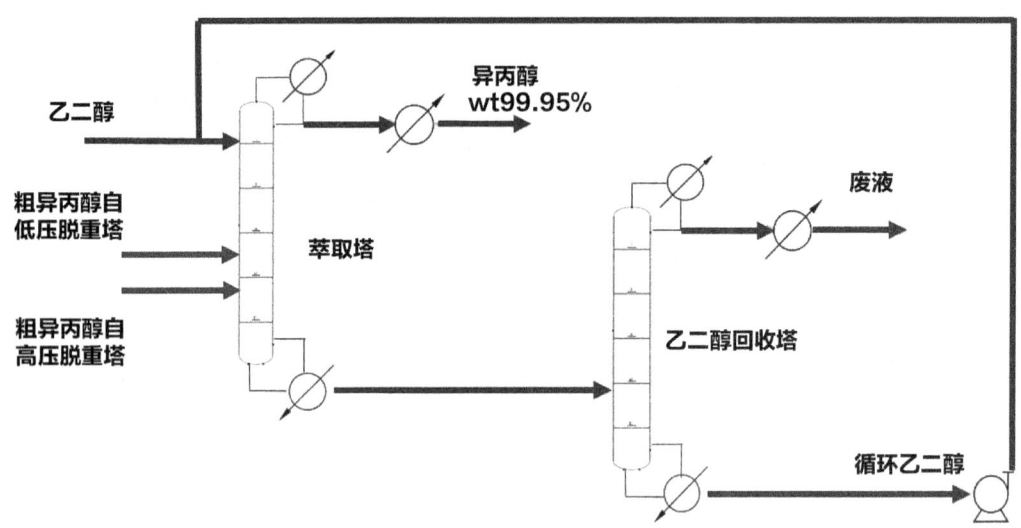

图 3-1-23　异丙醇精制工段工艺流程

（2）节能降耗、热集成

选择夹点温差为 15 ℃，得到组合曲线，发现该组合曲线存在两处较大平台，分别对应 T0301、T0302。为了打破平台，对 T0301 采用热泵精馏技术节能 80%，对 T0302 采用双效精馏技术节能 26%。采用节能技术后，过程组合曲线平台区大大缩短，实现了对平台区的有效利用。

使用节能技术后，系统内部还有大量能量可回收，该部分能量需要通过换热网络设计进行回收。选择总费用最低夹点温差为 18 ℃，进行系统方案推荐。在 10 个推荐的换热网络方案中选择最经济且换热面积较小的方案进行后续优化过程，通过删除负荷过小的换热器，去除 LOOP 回路，去除大跨度换热器，得到最终的换热网络，并将其代入流程中。最终通过优化换热网络，达到节约热公用工程 25.3%、冷公用工程 20.3%、综合节能效果为 23%，热集成合理。

（3）设备设计

反应器以 R0101 为例，主反应为丙酮加氢反应，副反应为生成 MIBK 和 MIBC 的反应。丙酮加氢为放热的气固反应，反应需要在一个合适的温度范围内进行。因此，选择换热式列管固定床反应器。采用除氧水作为移热介质，为了削弱返混，有效提高换热效率，设置新型折流板，同时设置了新型气体分布器，对反应器尺寸和内部构件进行详细设计，并对换热面积和压降进行校核，均符合设计要求，并绘制了反应器的设备条件图。

塔设备设计以 T0302 为例，对塔 T0302 设计条件进行优化后，我们进行了水力学校核，得到每层塔板的负荷性能图，降液管持液量、液泛因子、停留时间等均符合要求，对塔的机械结构进行设计与校核，并绘制出相应的设备条件图。

换热器选型以 E0201 为例，由于本换热器处理物料基本无腐蚀性，且冷热物流温差较大，因此选择浮头式换热器，根据流体空间选择原则，粗异丙醇走壳程，便于散热丙酮蒸汽走管程。经考量后选择换热器管，壳程材料为 Q345R 钢板，最后通过 HTRI 设计并校核，压降小于20%，雷诺数大于6000，符合设计要求，绘制出相应的设备条件图。针对重沸器温差小、负荷大的问题，设置了新型高通量换热管。

在设备设计完成后，利用 SW6 对反应器、塔设备、换热器进行了设备强度校核，结果均合格。

本项目中利用智能选泵软件，通过扬程、流量选择出相应的泵设备，由于运输介质中，丙酮有毒且易燃易爆，为了贯彻安全理念，运输丙酮的泵采用了新型屏蔽泵。

（4）安全设计

本厂可以划分为4个部分，由于厂区全年最小频率风向为西南风，因此厂前区布置在东北角。人流与物流分离，保证了人员安全和人车分离。合理设置了操作位置和安全通道，充分利用位差布置有压差的设备，满足工艺生产要求。充分考虑了设备安装、检修、拆卸及更换时所需要的空间、面积及运输通道，满足安装检修要求。同时设备布置间距合理，满足安全间距要求。利用 ALOHA 和 Risksystem 软件对储罐进行了多种事故的模拟分析，确保了项目的安全生产。通过事故树分析，了解了各事故发生的原因和方式，在源头上防范事故的发生。通过噪声预估软件，发现厂前区不受噪音影响。

在自动控制方案中，为保障系统平稳安全地运行，本项目采用 DCS 控制系统和 SIS 安全仪表系统。

对于公用工程换热器，调节公用工程流量，控制换热器出口温度。对于流股间换热器，采用旁路控制，供热流体在流经换热器时，部分走旁路，调节旁路阀的开度来控制换热量。

对于流体输送设备，如泵，在出口处安装压力指示仪表，并且设置了流量控制。对于压缩机，采用防喘振回流的控制方案，当流量计检测到入口流量小于喘振点流量时，打开旁路阀，使部分出口气体回到入口，从而保证入口流量总是大于喘振点的临界流量。

对于塔设备，以 T0402 乙二醇回收塔为例。通过 Aspen Plus Dynamic 进行动态模拟，根据斜率选取灵敏板，调节再沸器加热量控制灵敏板温度。对其施加干扰，在进料量增加 20% 的条件下得到以下结果：压力温度及液位都能在较短的时间内趋于稳定，且能保证塔釜产品纯度变化较小。因此，本控制方案有效。最后 T0402 的控制确定为提馏段指标控制，主要包括塔顶压力控制、回流罐液位控制、灵敏板温度控制和塔釜液位控制。

通过 DCS 系统，可以做到一定程度上的自动控制，但出于安全考虑，对生产过程中几个比较重要的节点进行了 HAZOP 分析,分析可能存在的偏差及可能出现的后果,并提出相应的解决措施。以丙酮加氢反应器为例,在进行 HAZOP 分析前我们设置了进料流量控制,通过调节除氧水流量来控制反应器温度。在进行了 HAZOP 分析后,我们选择增加 SIS 安全仪表系统,当反应器出现飞温,温度监测仪表将进行 2oo3 表决并返回信息至 SIS 安全仪表系统,切断进料管路,同时我们还设置了压力高报警以保证生产安全。

(5)环境保护

废气方面,本项目的废气先经总厂变压吸附装置回收氢气后,再经烟道气产生装置,产生的高温烟道气留由总厂供热,尾气经脱硫脱硝装置处理,成功实现了废气的资源化利用。

废水方面,本项目的工艺废水线经总厂的催化氧化装置预处理后,再与生活污水其他废水经生化处理达标后再由总厂综合利用。

废固方面,本项目的失效催化剂送至吉林道特化工有限公司回收;包装废弃物回收利用;生活垃圾送至垃圾处理中心。废固去向合理,不会造成二次污染。

(6)经济分析

本项目总投资 3.8 亿元,其中包括建设投资 3.1 亿元、建设期利息 1001 万元、流动资金 6455.4 万元。经过静态分析可知,本项目的静态投资回收期 6.5 年,投资利润率、投资利税率、资本金净利润率均高于行业标准。经过动态分析可知,动态投资回收期 8.8 年,财务净现值 1.83 亿元,大于 0 说明该项目可行,财务内部收益率为 21% > 15%(当年塑料行业基准收益率),均符合化工行业要求。通过盈亏平衡分析可知,本项目产销盈亏点为 2.6 万吨/年,说明该项目具有较强的抗风险能力,以及竞争力强、生命力强等特点。经过敏感性分析可知,本项目较为敏感性的因素是产品价格和经营成本,当经营成本发生变化时,可以调节产量来抵消经营成本变动所带来的风险。

1.9.5.4 项目总结

工艺方面,本项目利用总厂异丙苯装置产生的丙酮为原料,采用中温低压加氢反应技术及汽包采热技术生产纯度达 99.95% 的异丙醇产品,原料充足,工艺成熟,产品优质。

清洁生产方面,采用可回收处理的绿色高效催化剂,三废处理合理,碳排放符合《中国制造 2025》标准,应用绿色新技术节能减耗。反应分离技术方面,反应工艺采用中温低压加氢反应技术及汽包采热技术,分离技术采用萃取精馏及萃取精馏塔多股进料技术。过程节能方面,采用热泵精馏、双效精馏及热集成技术。新型设备方面,本项目在反应器、塔设备、流体输送设备和换热器设备上均有结构创新。

最终本项目相较于 2015 年,单位工业增加值下降 40.5%,单位工业增加值二氧化碳排放量下降75.4%，单位工业增加值用水量下降80%，固体废物综合利用率达87%，均满足绿色发展2025指标，故本项目可行。

1.9.6 创新点和特色

① 原料方案进行了创新，由于工业上大部分丙酮皆由异丙苯过氧化法获得，并与苯酚联产，由于苯酚的需求量增加，联产出大量的丙酮，出现了供需不平衡及经常导致丙酮生产过剩的局面。这样就使得由丙酮加氢制备异丙醇成为一条经济可行的路线。

② 中温低压加氢反应技术。采用高效绿色Ni-活性炭催化剂，反应温度160 ℃、压力为常压下进行。中温型催化剂投资小、经济环保，无废水废液产生，且其转化率和选择性高。为了符合《中国制造2025》节能减排标准，实现工艺流程绿色化，使用环境友好型工艺，因此，Ni-活性炭催化剂的使用是更符合长远目标的。

③ 采用了汽包取热技术、副产压力约0.28 MPa的低低压蒸汽。

④ 采用了多股进料萃取精馏技术。

⑤ 采用了过程热集成技术。

⑥ 采用了热泵精馏技术。

⑦ 采用了双效精馏技术。

⑧ 采用了热泵精馏技术。

⑨ 采用了反应器、换热器、塔等过程设备均采用了新型技术创新。

1.9.7 青春有你团队创新故事、经验介绍

2020年11月25日，在湖南工程学院图书馆二报告厅举行了2020年全国大学生化工设计竞赛颁奖典礼及2021年全国大学生化工设计竞赛动员大会，通过这次大会，很多同学了解到全国大学生化工设计大赛，并产生了参加2021年大赛的想法。

工欲善其事必先利其器。因为比赛要用到的设计软件对电脑配置要求很高，所以首先是拥有一台性能高的笔记本电脑。之后就是安装软件了，首先安装的软件是微软Office、Adobe Acrobat DC、CAD2021、Aspen Plus v11。

放寒假之后，就开始学习两个最基本的软件——CAD和Aspen。老师在群里分享了许多相关的学习视频，在学习的同时也在慢慢组队。2月，我们学校一共组了5个队伍，每周六晚上都会开会，每个队汇报这一周的学习情况及存在的问题，更惊喜的是，2020年获得全国一等奖的烷事大吉队的学长学姐将他们的珍贵经验传授给我们。这个时候我们还非常懵懂，对于学长学姐所说的也还不能完全理解，但我们对5个人的分工有了更

充分的了解。这时,我们团队中两个人着重去学习 Aspen,另外 3 个人着重学习 CAD。

开学之后,每周六指导老师会给我们补习化工原理课。3 月 12 日任务书正式公布:为某大型化工企业设计一座异丙醇生产分厂或为现有的异丙醇生产分厂设计技术改造方案。

确定工艺路线可以说是比赛中最重要的环节,因为一旦开始后面的工作,再改工艺路线会特别麻烦。在查阅大量的文献、对各个路线进行对比、对任务书进行深度解读之后,我们选择丙酮加氢法。在定好路线之后,就开始正式进行项目了。

我们的大致分工为 Aspen 流程模拟,设备设计计算与校核,PFD、PID 的绘制,三维配管和总图设计,文档撰写。我们队每周五晚上在教室开会,提前汇报学习进度及存在的问题,以便在周六晚上老师开会时报告给老师,老师再针对我们的问题给予我们解答。我负责流程模拟,流程模拟是所有工作的基础,确定工艺路线后,查找文献资料,画流程示意图,用 Aspen 进行模拟。应该先添加什么模块、流股温度、压力、组成、流量怎么确定,模块的参数应该怎么确定,这些都不是凭空捏造的,都是要有文献依据的。在做流程模拟的同时,厂址选择、相关设备的工艺计算方法、文档的撰写等也在同步进行。5 月中旬就需要把流程打通,流程没确定下来,PFD、PID 的绘制、设备设计、三维配管、总图设计就无法进行。但不是说要流程完全做好,其他工作才可以开始,这样时间就太紧张了。在初步的流程确定下来之后,还要进行换热网络优化,由于流程、图纸、文档三大块要一一对应,所以团队间的交流就显得尤为重要。

在 6 月 1 日交完省赛作品后,我们一边准备答辩,一边继续完善作品,因为时间紧迫,我们的作品还不是那么完整。每一次提交作品后,我们都不敢懈怠,评委老师给出的意见和扣分点,就得马上完善和修改。从省赛、华南赛区选拔赛,再到全国总决赛,老师和同学们都保持精益求精的态度,我们的作品不断完善、不断升华。每次交作品的前几天总是最忙的时候,我们的目标就是抓住每一个评分点,不让评委老师找到我们的错误,在交作品的当天,即使我们提前半天准备好,在交作品的时候还是会手忙脚乱,刘老师总是能看出我们的不足之处,为了尽可能地使作品变得完美,我们总是弄得很晚,就连宿管阿姨都对我们印象深刻了。

在比赛过程中,我也有一些经验。

提前准备。设计过程中需要用到化工原理、化工设计、化工热力学、反应工程、控制工程等学科知识,这些知识不仅对比赛有用,在今后的学习、工作中也是非常有用的。还要掌握基本的软件,如 Aspen、CAD。

团队合作。5 个人的工作会细分,做流程的同学很有可能看不懂三维配管、车间布置图,所以要他去检查其中的错误,基本上是不可能的。但是如果能够一起互相讨论、互相检查，一起完成，5双眼睛总比一双眼睛更能发现问题。像初步设计说明书，一个同学检查完了，另外一个同学还能找出许多"致命"的错误。另外，每一个人的工作都是环环相扣的，所以一定要有密切的交流，如流程改变了，就要告诉画PFD、PID的同学，设备设计的同学等，不能自顾自地做。如果有谁的失误造成了返工或修改，不要一直抱怨，这本来就不是一步登天的事情。

时间节点的控制，注意分工，把握好进度。我们平时总是有拖延症，习惯性地把任务拖到最后几天，又或者是太较真，纠结一个问题不放，导致后面时间不够，只能交个残缺的作品。队长在分工的时候，不能笼统地分为5个部分，就"放养"了，最好有一周的目标与计划，发现进度慢了，就要加快进度。不然到最后几天，就算天天熬夜，也来不及了。

文档的标准化。文档的排版、格式的美观性非常重要，建议多看往年的优秀作品。此外，要对照着评分细则检查是否每一条都已经写到，并且能方便评委老师非常快速地找到。

遇到好的队友非常幸运。在短短的几个月内，完成一整套设计，本来就是非常困难的，如果有一个人退出，那么这一个人的任务就会分配到另外4个人身上，如果有2个或3个人退出，这个团队就基本上"垮掉"了，而且一个"不做功"的成员在队伍中，会影响整个团队的氛围。非常幸运的是，我的队友都是积极主动的，熬夜到凌晨两三点甚至通宵也是常有的事，但没有一个人有过抱怨，反而相互打劲儿。我们5个人都准备考研，我们认为经历了这个比赛，复习考研的劲头更大了。

多学习优秀作品，多看评分细则、扣分细则。老师是按照评分细则打分的，所以我们首先不是要让自己的作品看起来有多高大上，而是紧扣得分点，确保完整性，扣分细则也同等重要，别人犯过的错误我们不能再犯。

走过的路都算数。不管是止步于7月20日，还是在8月20冲进全国总决赛，酸痛的肩膀，熬过的夜，从无到有的作品，一群并肩作战的战友，这些都是我们今后美好的回忆，都会成为我们珍贵的财富。

队长寄语。在比赛结束之后，我还时常想起和队友整日在教室做流程、写文档、做PPT、排练答辩的日子，参加化工设计竞赛是我大学生活浓墨重彩的一笔，从中学到的专业知识、收获的友情和师生情，是弥足珍贵的。

（刘华杰　整理）

2 积极主动，锐意进取——"挑战杯"全国大学生课外学术科技作品竞赛

2.1 "挑战杯"全国大学生课外学术科技作品竞赛简介

"挑战杯"全国大学生课外学术科技作品竞赛是一项全国性的竞赛活动，简称"大挑"（与挑战杯创业计划大赛对应）。该比赛创办于 1986 年，由教育部、共青团中央、中国科学技术协会、中华全国学生联合会、省级人民政府主办，承办高校为国内著名大学，"挑战杯"系列竞赛被誉为中国大学生学术科技"奥林匹克"，是国内大学生最关注、最热门的全国性竞赛之一，每两年举办一次。

"挑战杯"全国大学生课外学术科技作品竞赛是在教育部支持下组织开展的大学生课余科技文化活动中一项具有导向性、示范性和权威性的全国性竞赛活动，活动旨在全面展示我国高校育人成果，引导广大在校学生热爱科学、挑战自我、培养跨世纪创新人才。活动坚持"崇尚科学、追求真知、勤奋学习、迎接挑战"的宗旨，自 1989 年以来已分别在清华大学、浙江大学、上海交通大学、武汉大学、华南理工大学、重庆大学和西安交通大学成功地举办了七届。"挑战杯"已形成校级、省级、全国三级赛事，参赛同学首先参加校内及省内的作品选拔赛，优秀作品报送全国组委会参赛。党和国家领导人对竞赛活动十分关注，1993 年 8 月 4 日时任中共中央总书记、国家主席、中央军委主席江泽民同志为"挑战杯"题写了杯名，时任国务院副总理李岚清等党和国家领导人纷纷为"挑战杯"竞赛题词。

由于"挑战杯"竞赛活动在较高层次上展示了我国各高校的育人成果，推动了高校与社会间的交流，已成为学校学生课余科技文化活动中的一项主导性活动、成为高校和社会交流与合作的重要窗口、成为促进高校科技成果向现实生产力转化的有效方式、成为培养高素质跨世纪人才的重要途径，也是企业界接触和物色优秀科技英才、引进科技成果、宣传企业、树立企业良好形象的最佳机会，从而越来越受到广大学生的欢迎和各高校的重视，也越来越在社会上产生了广泛而良好的影响，其声誉远播我国港澳地区甚至欧美发达国家。

2.2 历届竞赛承办方

历届"挑战杯"全国大学生课外学术科技作品竞赛承办方如表 3-2-1 所示。

表 3-2-1 历届"挑战杯"全国大学生课外学术科技作品竞赛承办方

年份	届次	承办单位
1989	第一届	清华大学
1991	第二届	浙江大学
1993	第三届	上海交通大学
1995	第四届	武汉大学
1997	第五届	南京理工大学
1999	第六届	重庆大学
2001	第七届	西安交通大学
2003	第八届	华南理工大学
2005	第九届	复旦大学
2007	第十届	南开大学
2009	第十一届	北京航空航天大学
2011	第十二届	大连理工大学
2013	第十三届	苏州大学和苏州工业园区联合
2015	第十四届	广东工业大学和香港科技大学联合
2017	第十五届	上海大学
2019	第十六届	北京航空航天大学
2021	第十七届	四川大学

2.3 参赛资格

以第十七届"挑战杯"全国大学生课外学术科技作品竞赛为例,具体要求如下。

凡在 2021 年 6 月 1 日以前正式注册的全日制非成人教育的各类高等院校在校专科生、本科生、硕士研究生(不含在职研究生)都可申报作品参赛。

本校硕博连读生（直博生）若在 2021 年 6 月 1 日以前未通过博士资格考试的，可以按硕士生学历申报作品。没有实行资格考试制度的学校，前两年可以按硕士学历申报作品。本硕博连读生，按照四年、两年分别对应本、硕申报，后续则不可申报。毕业设计和课程设计（论文）、学年论文和学位论文、国际竞赛中获奖的作品、获国家级奖励成果（含本竞赛主办单位参与举办的其他全国性竞赛的获奖作品）等均不在申报范围之列。

2.4 申报标准

申报参赛的作品必须是距竞赛终审决赛（2021 年 6 月 1 日）前两年内完成的学生课外学术科技或社会实践活动成果，可分为个人作品和集体作品。

申报个人作品的，申报者必须承担申报作品 60% 以上的研究工作，作品鉴定证书、专利证书及发表的有关作品上的署名均应为第一作者，合作者必须是学生且不得超过 2 人；凡作者超过 3 人的项目或者不超过 3 人但无法区分第一作者的项目，均须按集体作品申报。

申报集体作品的，作品作者必须均为学生。凡有合作者的个人作品或集体作品，均按学历最高的作者划分至本、专科生或硕士研究生类进行评审。增加作品自查环节，申报学校签订承诺书，承诺作品符合"挑战杯"竞赛申报作品的要求，接受竞赛组委会检查。

2.5 主题要求

申报参赛的作品分为自然科学类学术论文、哲学社会科学类社会调查报告和学术论文、科技发明制作 3 类。自然科学类学术论文作者限本、专科生。哲学社会科学类支持围绕发展成就、文明文化、美丽中国、民生福祉、中国之治和战疫行动 6 个组别形成社会调查报告，也可以按照哲学、经济、社会、法律、教育、管理 6 个学科报送社会调查报告和学术论文。科技发明制作分为 A、B 两类：A 类指科技含量较高、制作投入较大的作品；B 类指投入较少，且能为生产技术或社会生活带来便利的小发明、小制作等。

参赛作品涉及下列内容时，必须由申报者提供有关部门的证明材料，否则不予评审：

① 动植物新品种的发现或培育，须有省级以上农科部门或科研院所开具的证明。

② 对国家保护动植物的研究，须有省级以上林业部门开具的证明，证明该项研究的过程中未产生对所研究的动植物繁衍、生长不利的影响。

③ 新药物的研究须有卫生行政部门授权机构的鉴定证明。

④ 医疗卫生研究须通过专家鉴定，并最好附有在公开发行的专业性杂志上发表过的文章。

⑤ 涉及燃气用具等与人民生命财产安全有关用具的研究，须有国家相应行政部门授权机构的认定证明。

2.6 报送流程

参赛作品必须于申报前将作品项目名称、参赛学生和指导教师等关键信息在学校官方网站主页上进行不少于5天的公示，并将公示截图随作品一同报送。多个学校学生合作申报的项目，须注明学生、学校信息并在学生所在学校均进行公示。

参赛作品必须由两名具有高级专业技术职称的指导教师（或教研组）推荐，经本校学籍管理、教务、科研管理部门审核确认。每件作品可由不超过3名教师指导完成。作品完成全国竞赛申报后，作品题目、作者、指导教师等关键信息不得变动。

每个学校选送参加竞赛的作品总数不得超过6件，每人限报1件，作品中研究生的作品不得超过作品总数的1/2，如研究生作品数超过比例要求，违反规定的，取消该校所有研究生作品参赛资格且不得补报，但如学校只招收研究生的，或只1件作品参加全国竞赛的，不受作品比例限制。参赛作品须经过本省份组织协调委员会进行资格及形式审查和本省份评审委员会初步评定后，方可上报全国组委会办公室。各省（区、市）和新疆生产建设兵团选送全国竞赛的作品数额由主办单位统一确定。每所发起学校可直接报送3件作品（含在6件作品之中）参加全国竞赛。每所优秀组织奖或进步显著奖获得学校可直接报送1件作品（含在6件作品之中）参加全国竞赛。直通全国竞赛渠道不做累加。

2.7 案例：第十一届"挑战杯"全国大学生课外学术科技作品三等奖作品

2.7.1 作品名称

单向导湿纯棉针织面料。

2.7.2 获奖情况

第十一届"挑战杯"全国大学生课外学术科技作品三等奖、第八届"挑战杯"湖南省大学生课外学术科技作品二等奖。

2.7.3 团队成员

轻化工程04级：黄敏、李娜、邱兆全。

轻化工程05级：梁金山、彭娟、吕红娟。

2.7.4 指导教师

汪南方、蒭育林。

2.7.5 作品概况

本作品旨在开发具有单向导湿功能的新型全棉舒适性服装面料。天然棉纤维属于亲水性纤维，吸湿性好，但散湿导湿性不及化学纤维，因而使用者处于"显汗"状态时，有贴身不适感。本作品采用单向整理的方法对全棉针织物里层进行特殊的疏水整理，使里外两层纤维的亲疏水性形成一定的差别；当汗滴接触里层纤维表面后，由于外层纤维对液体的吸附力强于里层纤维，借助于这种差动效应，汗滴快速导向外层，从而里层相对干燥，而获得相对舒适感（图3-2-1）。

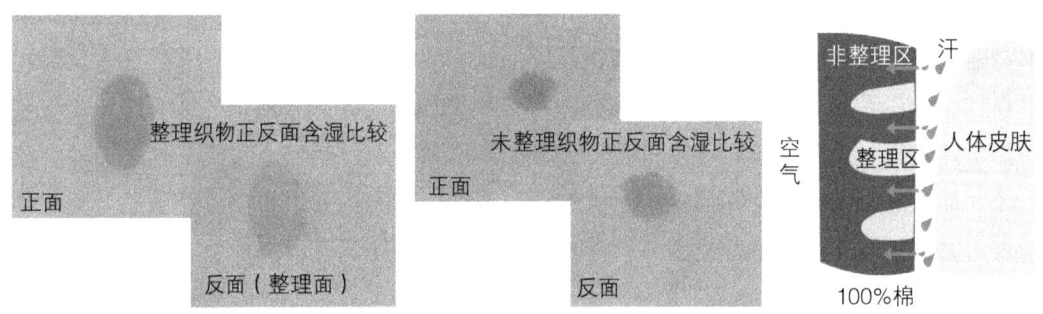

图3-2-1 单向导湿织物的导湿特性示意

2.7.6 创新点和特色

本作品单向导湿纯棉针织物及整理工艺为国内首创，目前国内外尚未见到同类产品及整理技术的研究报道。本研究解决了两个技术关键问题：①单向导湿纯棉针织物内层（即贴身面）既要具有导湿性，又相对不含水；②通过单面疏水整理赋予纯棉针织物单向导湿功能的同时，又要保持织物原有的亲水吸湿性。

2.7.7 技术指标

由于国内外目前没有单向导湿纯棉织物的相关标准，我们根据单向导湿纯棉织物特性，结合本项目前期研究基础和经验，制定本产品单向导湿纯棉织物技术指标如下。

液滴铺展时间：内层（疏水面）≤ 5 秒；外层（亲水面）≤ 2 秒。

织物单面水渍特征：内层几乎不含水，外层含水明显。

整理效果的耐久性：耐洗 ≥ 30 次（BS 5651—1978 评定清洗和润湿对织织物组合件可燃性能影响用的清洗与润湿方法）。

产品不含有害物质，符合 Tex-100 生态标准。

2.7.8 创新故事

以纯棉针织物为基材，对其里层进行特殊的疏水整理，在布面形成一定阵列的导湿通道，凭借织物内外层亲疏水性差异，实现在单一组分的亲水性纤维织物（纯棉织物）上获得单向导湿功能。

3 勤勉坚毅，自胜至达——湖南省大学生课外化学化工创新作品竞赛

3.1 湖南省大学生课外化学化工创新作品竞赛简介

湖南省大学生课外化学化工创新作品竞赛，目的在于引导和推动高校相关专业人才培养模式和教学实践的改革，全面提高大学生实验技能、创新思维和工程设计能力，为优秀创新创业人才脱颖而出创造条件。竞赛由湖南省教育厅主办，湖南省大学生化学化工学科竞赛委员会和湖南省化学化工学会协办，相关高校轮流承办，每年举办一次。竞赛本着公开、公平、公正的原则，坚持竞赛的公益性、非营利性。

竞赛组委会由湖南省教育厅、大学生化学化工学科竞赛委员会、化学化工学会等单位负责人和有关学校专家组成。组委会负责制定和修改竞赛章程，制定竞赛规则及实施细则，组建竞赛评审委员会，讨论决定其他竞赛重要事宜。承办学校负责提供答辩场地、组织评委会专家及答辩学生，确保竞赛顺利进行。评委会由全省高校化学化工及其相关专业的专家教授和化学化工行业专家组成，评委会负责最终成绩审查，监察比赛过程，对竞赛进行学术指导、交流工作经验、探讨竞赛发展。

参赛学生必须为本校全日制在籍普通本科及专科学生（专科学生参赛须向竞委会提前申请），化学化工创新作品第一作者为本科三年级及以上学生、专科二年级及以上学生，参赛资格由组委会负责审查并核准。参赛作品原则上应依托于各级创新计划资助项目，获奖作品应为化学化工类参赛学生署名第一作者公开发表的研究论文或已授权发明专利（其中授权专利排名可以为指导老师第一、学生第二），未发表的科技论文按照《高等学校化学学报》杂志的投稿要求和格式编写。作品内容必须来源于化学化工科研、生产或生活实际，技术路线必须符合绿色化学化工理念要求，能够体现学生综合运用基础知识的能力，展示学生的创新精神和实验综合技能。

化学化工创新作品竞赛每件作品署名学生不超过 3 人、指导老师为 1 人。化学化工创新竞赛每年 6 月 1 日为参赛作品报送截止日，6 月 25 日前由竞赛委员会按照比例评出学会特等奖、一等奖、二等奖及省级三等奖，并遴选出参加决赛答辩的作品（一等奖、

二等奖)。所有参加决赛的作品,须由第一作者提供完整的原始实验记录或工作日志,以考查实践和创新过程的严谨性及第一作者对作品实际贡献的程度,现场答辩人原则上应为作品的第一作者。

决赛:湖南省大学生化学化工创新作品竞赛定于每年暑期举办,赛期不超过 3 天。竞赛主要从选题的先进性、实验过程的工作量、结果的创新性、写作的规范性和选手答辩表现等方面评判作品。

表彰与奖励:竞赛获奖数量根据参赛代表队和参赛选手的数量设置,其中创新作品和设计作品数原则上各不超过获奖 90 件,其中一等奖 15%、二等奖 25%、三等奖 35%。为了确保竞赛的公平公正,承办高校的学生参赛评奖不占评奖指标,由竞委会根据竞赛成绩依次确定奖项。

3.2 参赛准备

3.2.1 学生团队人员的选拔

学生的人员结构要合理,根据参赛要求第一作者必须是本科三年级及以上学生,由于创新作品从选题、查阅资料、选定方案并实施,再到整理数据并发表需要的时间周期较长,学生团队的成员应该由大一、大二、大三的学生呈阶梯式结构组成,便于项目或作品的延续性。

3.2.2 创新作品的准备

作为大学生课外化学化工创新作品必须具备一定的创新性,好的立意是好的作品的根本,有了好的立意,组建结构合理的团队,进行明确的分工,然后指导老师对团队成员进行定期的培训,指导学生查阅文献资料,根据文献资料设计切实可行的实验方案,然后根据设计的方案准备实验所用器材和药品进行试验,记录原始数据,以备作品写作时查阅和分析。在实验过程中认真记录和总结,发现问题及时与指导老师沟通交流,优化试验方案。基本做完实验数据之前,就应该着手作品的构思、写作、数据的分析和总结,交由指导老师审核通过后投稿等待发表。发表的作品可以参加一年一度的湖南省大学生化学化工创新作品竞赛,作品提交后经过初评,筛选出来的决赛作品在竞赛网页上公示后,需要到指定的决赛地点参加答辩。准备决赛答辩期间,学生必须准备实验记录的原始记录本、答辩演示用 PPT、着装、答辩演练等。

3.3 案例一：湖南省第四届大学生课外化学化工创新作品竞赛特等奖

3.3.1 作品名称

双水相体系萃取人参根中人参皂苷的研究。

3.3.2 获奖情况

湖南省第四届大学生课外化学化工创新作品竞赛特等奖。

3.3.3 团队成员

罗健、聂超南、赵柯伊、胡洋。

3.3.4 指导教师

张儒、张变玲。

3.3.5 作品概况

人参为五加科人参属多年生草本植物，自古以来拥有"百草之王"的美誉，更被东方医学界誉为"滋阴补生，扶正固本"之极品。其中主要药用成分为人参皂苷。目前已从人参根中分离出如 Rb1、Rb2、Rc、Rd、Rg1、Re、Rh 和 Rf 等 100 余种人参皂苷，研究证明大多数人参皂苷单体具有抗肿瘤、抗衰老、抑制细胞凋亡和增强免疫力等活性，已广泛应用于临床。目前提取人参皂苷的方法有多种，如超声波提取法、回流提取法和浸渍法等。提取的溶剂主要为甲醇、乙醇和正丁醇等，但是这些有机溶剂对非皂苷类物质也具有较高的溶解性，使得提取纯度和效率较低。如何提高人参皂苷的提取效率是促进人参利用的重要研究方向之一。课题组在前期分离蛋白质时发现双水相萃取不仅具有分离过程条件温和、不存在有机溶剂残留、处理容量大和易连续化操作等特点，还具有分相时间短、目标产物分配系数大、投资费用少、安全环保等优点，推测其在天然药物活性成分的规模化生产方面具有很大的潜力。项目负责人罗健带领同学们对人参皂苷结构和性质进行了分析，结合现有的双水相分离技术，反复探索和优化，最终建立稳定的聚乙二醇（PEG）与 $(NH_4)_2SO_4$ 双水相体系以分离人参根中的人参皂苷。当选择 PEG 分子量为 3350、PEG3350 的质量分数为 12%、$(NH_4)_2SO_4$ 的质量分数为 16%、溶液 pH 为 7.0、温度为 60 ℃时，双水相体系对人参皂苷具有较高的萃取率，回收率可达到 88.94%，为高效利用人参资源提供了重要的思路和方法，研究路线示意如图 3-3-1 所示。

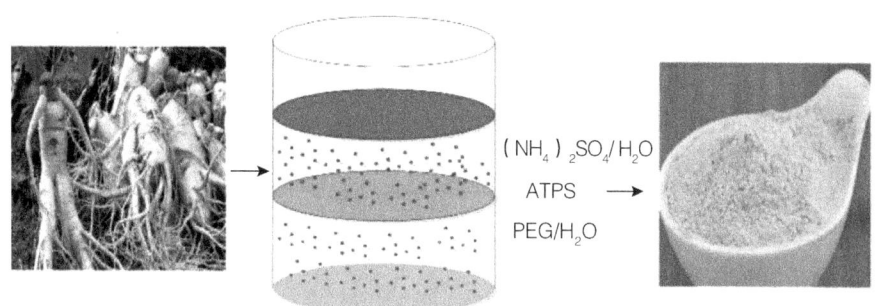

图 3-3-1 双水相萃取人参根中人参皂苷示意

3.3.6 创新点和特色

① 本项目将用于蛋白提取的双水相萃取方法应用于天然小分子化合物的提取,技术上具有很高的创新性。

② 项目组成员将理论联系实际,结合指导教师的研究项目及生活常识,将所学专业知识很好地应用于解决实际问题之中,具有很好的创新思维。

③ 人参属于百草之王,尽管已经有上千年的使用历史,但是对于人参相关的基础研究方面仍然不够深入。通过文献调研后发现有许多亟待解决的难题,课题组成员有强烈的解决中药人参开发利用中问题的渴望和责任感,通过看似简单的尝试,部分解决了生产实际中的大问题,具有很高的应用价值。

3.3.7 创新故事

(1) 调动学生兴趣,理论联系实际

人参作为百草之王,在亚洲国家已经有几千年的使用历史,尽管人参的应用主要起源于中国,但是中国在人参的基础研发方面远落后于韩国和日本。湖南工程学院张儒教授多年来一直致力于中药药效成分的分析、生物合成调控和开发利用等方面的研究工作。在课堂上,张儒教授结合自己的研究内容,经常就人参的药用价值、在研究中存在的各种问题和瓶颈、现代生物技术等方面的研究进展与学生进行交流和探讨。在此过程中,吸引了一批对人参中的高活性天然产物非常感兴趣的学生,其中罗健等学生对人参中人参皂苷的结构、药用价值及如何高效获得等十分感兴趣。为了将这些疑问探究清楚,罗健和同学们充分利用课间、课后的时间与张儒教授进行交流,提出了一系列的问题。例如,人参为何称为百草之王?人参的主要药用成分是什么?这些成分的结构有什么特点?为何现有的技术难以提取？有没有现代生物技术手段提高药效成分的产量？我们能不能在实验室解决其中的一些关键问题？面对同学们的提问，张儒教授回答了一部分，留下许多问题让学生自己去尝试解答。同学们通过查阅文献提出了许多有创意的解决方法，对于如何提高提取效率方面，极大地吸引了大家的兴趣。在罗健眼里，无论人参中皂苷含量高与低，能够提取出来是应用的关键。如何解决传统有机溶剂萃取所面临的效率低和环境污染等问题，成了摆在他们面前的头等大事。于是张儒教授领导一众学生开始了关于人参皂苷提取的探索之旅。

（2）坚持不懈，守得云开见月明

"纸上得来终觉浅，绝知此事要躬行"是大家都明白的一个道理。在他们开始进行实验之前，查阅了大量的中英文文献，大家经过商量，很快讨论出几种实验方案，大家觉得实验不过如此，要实现起来应该很容易，于是大家兴致勃勃地进行了各种尝试，可是现实并非想象的那样，许多实验结果始终不尽如人意，许多实验现象和结果与查到的相差甚远，甚至是相反的结果。在做实验期间，大量的失败让他们感到非常挫败，实验信心受到很大的打击，许多同学萌生放弃的念头。此时，张儒教授仍笑着和大家一起交流，给他们打气。让他们暂停一段时间，继续做张儒教授课题的其他实验，如将重组蛋白提取和纯化出来，分析其活性。由于这些实验技术相对成熟，大家上手迅速，做出了很好的结果。在这个过程中，他们在做实验的同时，心里在默默地盘算，为何看似很难的重组蛋白分离纯化实验，居然能够比较顺利地完成，一个小小的皂苷提取为何做不好？而且两个实验有共性的地方都是提取，不同的是一类是大分子蛋白质，一类是小分子人参皂苷。两者能否用类似的方法去做？恰好在做蛋白提取的时候，他们借鉴了文献中的一些做法，采用双水相的方法进行萃取，为何双水取可以相萃蛋白，难道不能用于小分子天然化合物？于是他们分头行动，开始查阅双水相的文献。再次开启人参皂苷的提取之旅。经过多次的探索和优化，终于发现由PEG和硫酸铵组成的双水相体系具有很好的分离效果。

既然有了好的结果为何不进行尝试，将其发表并参加竞赛？他们兴致盎然地开始发表论文和参加湖南省大学生课外化学化工创新作品竞赛。终于，功夫不负有心人，他们的文章成功发表在CSCD核心期刊《天然产物研究与开发》上，由于他们用看似简单的研究解决了人参皂苷提取领域中的"大"问题，研究成果具有很高的创新性，得到了评审专家的一致肯定，获得了湖南省大学生课外化学化工创新作品竞赛特等奖。

（3）创新感悟

经过一番辛苦的实验，终于将想法变为行动、理论变为现实。让他们从上课中的一点点灵感转化为解决实际问题的钥匙。在经过独立思考、反复探索、经历挫折的过程中，磨炼了意志、提高了解决问题的能力和创新能力。正是因为课题组负责人罗健同学大学期间培养的吃苦耐劳、富有创新的过硬素质，毕业时顺利考上了研究生，如愿以偿地进入了刘守仁院士的团队。

3.4 案例二：湖南省第九届大学生课外化学化工创新作品竞赛特等奖

3.4.1 作品名称

可生物降解型哌嗪衍生物润滑油添加剂的摩擦学性能。

3.4.2 获奖情况

湖南省第九届大学生课外化学化工创新作品竞赛特等奖。

3.4.3 团队成员

陈鹏、姜佳伟、周振宇。

3.4.4 指导教师

刘艳丽。

3.4.5 作品概况

随着我国汽车保有量规模的迅速提升，2015年中国润滑油消费位居世界第一。面对如此庞大的需求，国内外的润滑油厂商纷纷将焦点聚集到中国市场，中国润滑油行业的竞争格局正在发生显著改变。对此，有专家分析认为，润滑油行业生产和消费都将进入调整期，结构调整、技术升级成为整个行业的首要任务。目前国内润滑油厂大大小小估计有4000多家，品牌有6000多个，其中外资近30家。中国目前润滑油每年消费量及供应量在450万~460万吨。其中中石化和中石油占据近60%的市场份额；以壳牌、美孚、BP和嘉实多为代表的跨国润滑油企业，占据着约20%的市场份额，却占据着高端市场80%的份额；以统一石化为代表的地方民营润滑油企业，以灵活的经营机制在市场上形成一定的规模。除了统一石化以进口基础油为主要原料尚能分割高端市场外，大多数民营润滑油企业处于市场低端，接受中小型炼油厂的原料。中国润滑油和润滑油添加剂市场巨大，增长率很高。因此，研制开发的系列新型高效多功能润滑油添加剂新产品、新工艺、新的生产技术，创立自主的品牌，打破国外公司垄断是当务之急。

随着现代机械设备的不断更新换代，在汽车等交通工具上安装 PCV 阀和铂催化剂转化器后，要求使用低磷、低锌或无磷、无锌润滑油及添加剂。另外，随着人们对环境保护意识的增强，机械磨损过程中由于大量的泄漏和未充分燃烧的尾气排放，要求润滑油添加剂无毒、低毒和可生物降解性。因此，研究开发可以取代二烷基二硫代磷酸锌（ZDDP）的环保型润滑油添加剂成了添加剂研究的热点之一。

大量研究表明，硫、磷等极压抗磨活性元素和含氮杂环官能团相结合的化合物具有优良的极压抗磨性能，同时还具有良好的抗腐蚀抗氧化性能，在这类化合物中引入可生物降解性的酯基基团将会是一类具有广阔应用前景的多功能绿色环保型润滑油添加剂，有望替代目前含锌、磷、氯等元素的一些高性能添加剂。研究开发这一类环保型多功能润滑油添加剂并考察分子结构和摩擦学性能间的关系及其抗摩减摩机制，有着重要的理论意义和实用价值。大多数 1,3,4-噻二唑衍生物都具有与二烷基二硫代磷酸锌（ZDDP）相当或更加优良的极压、抗磨、抗氧化和抗腐蚀等多种性能，是一类良好的可以在内燃机润滑油中替代 ZDDP 的多功能添加剂。

生物降解性按降解的最终产物可分为：①基本生物降解。是指有机物被微生物从最初的物质转化成不同物质。它不考虑微生物对该物质的所有影响，也不考虑其最终会转化成何种物质，而仅考察第一步降解过程。通常采用 CEC-L-33-A-93 试验方法来测定基本生物降解率，作为评价潜在生物降解能力的筛选试验。②最终生物降解通常又被称为矿化。是指有机物被微生物最终降解成二氧化碳、水、微生物群、无机离子的能力。通常采用 OECD 方法及 "Sturm shake flask" 试验等来进行评价。

因此，进行可生物降解的含氮硫衍生物的合成和摩擦学性能研究，对寻求多功能环保型润滑油添加剂具有重要的现实意义。该类衍生物还具有良好的热稳定性能、抗腐蚀性能、抗氧化性能及可生物降解性，因此，含氮硫类衍生物可能是一类优良的多功能润滑油添加剂。以湖南工程学院高分子材料与工程 2014 级陈鹏为主的课题组设计了含氮杂环哌嗪为母体，并在分子中引入可生物降解的官能团，期望能合成具有优越性能的绿色环保型多功能添加剂。

课题组在前期研究的基础上发现含氮杂环化合物哌嗪的热稳定性良好，且杂环氮上的氢原子容易被路易斯酸取代从而引入不同烷基链长的酰胺基（类似蛋白质的肽键，可促使化合物生物降解），同时含硫、氮两种极性元素能满足润滑油的极压抗磨性能（设计的分子结构示意如图 3-3-2 所示）。

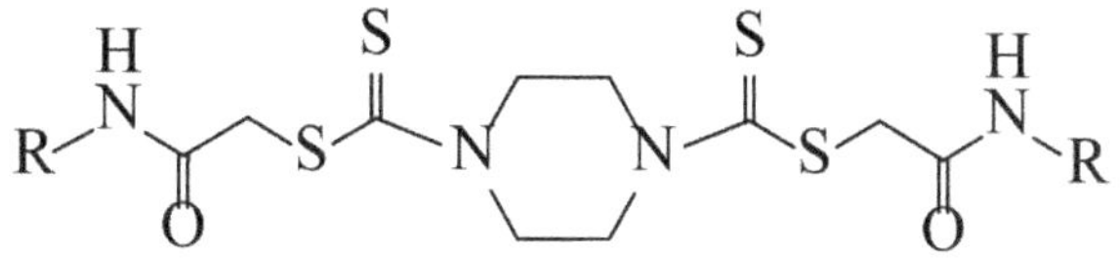

图 3-3-2　可生物降解型含氮杂环化合物分子结构示意

3.4.6　创新点和特色

① 本项目涉及有机合成化学、分析化学、摩擦化学、机械学、元素能谱分析学等学科，属于交叉学科课题。

② 研究工作从源头开始，较系统全面，创新性很强。从绿色环保型添加剂分子的设计合成、可生物降解性测试到润滑剂的配制及其摩擦学性能的测试，最后进行摩擦学分析及其作用机制的推论。

③ 迄今为止，已报道的润滑油添加剂的研究较多，但可生物降解型多功能润滑油添加剂的研究报道不多。

④ 本项目设计并合成的添加剂分子中含有与蛋白质类似结构的肽键及可生物降解的酯基是绿色环保型化合物，添加到矿物油中对机械的抗磨损非常有利，可以降低机械运行的能量损耗，减少机械设备磨损，同时对基础油具有可促进生物降解性能从而达到环保节能的作用。

⑤ 既重视分子结构对机械磨损和对环境产生的影响，同时也把添加剂分子在磨损过程中发生摩擦化学所产生的作用机制进行分析和探讨，因而能为分子设计提供一条新思路，并最终发现一些具有优良性能的新型可生物降解型的润滑油添加剂分子体系。

3.4.7　创新故事

（1）作品的主题思想

作品的创意是在传统润滑油添加剂的基础上设计一种环保的可生物降解型多功能润滑油添加剂，在不影响机械摩擦效率的同时拥有可生物降解性能，减少环境污染。由于在润滑剂的使用过程中泄漏、溢出或不恰当的排放等严重污染了土壤和水资源，破坏了生态环境。传统润滑剂产品由于环境相容性能差，正面临环保要求的严峻挑战，现代润滑技术已从单一关注使用效能向高效能与环保型双重性方面发展，研究开发新型可生物降解的润滑剂是目前润滑剂行业的一个重要研究方向。作品设计了以含氮杂环哌嗪为母体，结合与蛋白质有类似结构的肽键和其他具有不同性能的官能团，合成具有优越性能的可生物降解型润滑油添加剂。将所合成的化合物以一定比例添加到基础油中，通过摩擦学和生物降解试验考察其在基础油中的摩擦学和生物降解性能,并探讨了其摩擦学和促进润滑油生物降解的作用机制。

(2) 参赛前需完成的工作

组建团队。团队成员的选拔根据学生自愿报名,经指导老师培训后择优录取,然后指导老师根据每个团队成员的特点进行分工,领取任务后各成员根据自己的任务先查阅相关文献资料。指导老师随时跟踪各成员的进展情况,方案确定后进实验室做实验获取实验数据,分析实验数据并整理数据,在实验过程中详细记录实验过程中的实验现象和实验结果以便撰写作品时参考和复核,这也是参加决赛答辩时必要的材料之一。实验基本完成时可以构思作品并撰写论文,经指导老师审核后投稿等待录用发表。

调动学生兴趣,理论联系实际。实验过程往往是枯燥乏味的,在团队成员进实验室做实验获取数据的过程中如何调动学生的积极性、培养学生的兴趣,是一个很重要的环节。学生学习了理论知识都会觉得很抽象不好理解,希望能通过实验或实践来验证所学的理论知识,指导老师必须抓住学生的这个心理特征,适时地激发学生的兴趣,在学生实验过程中遇到困难时也要及时跟进并帮助他们分析问题的原因所在,指引他们去寻找参考资料以便找到解决问题的答案。

坚持不懈,持之以恒。在指导老师和学长们的指导帮助下,研究工作才逐渐步入正轨,有条不紊地进行着,在这个过程中团队成员收获良多。通过大赛的洗礼让团队成员看到了自己的不足,也学会了如何面对困难,科研过程总是枯燥乏味的,这是一个探索的过程、是一个推陈出新的过程。学习不仅仅在于获取知识,更重要的是培养思考和分析问题、解决问题的能力。要多关注自己学科领域的前沿动态,站在前人的肩膀上思考问题。

勤勉坚毅,自胜至达。在遇到困难遇到瓶颈的时候,千万不能气馁,时时刻刻告诉自己:"你的选择是对的,走下去,一定要坚持到底!"很多时候就是秉承坚持不懈、持之以恒的精神,我们的课题项目才有新进展。

3.5 案例三:湖南省第十二届大学生课外化学化工创新作品竞赛二等奖

3.5.1 作品名称

抗紫外线吸收的锦纶纤维的制备。

3.5.2　获奖情况

湖南省第十二届大学生课外化学化工创新作品竞赛二等奖。

3.5.3　团队成员

朱籍章、金思杨、龚紫薇。

3.5.4　指导教师

刘艳丽。

3.5.5　作品概况

近年来，由于平流层臭氧遭到日趋严重的破坏，地面接收的紫外线辐射量增多。当皮肤受到紫外线照射时，人体表皮层中的黑色素细胞开始产生黑色素来吸收紫外线，以防止皮肤受到伤害。长时间的紫外线照射会引起大量黑色素沉积在表皮层中，成为永久性的"晒黑"痕迹。

过度的紫外线辐射对人体有害已众所周知！各种防紫外线措施应运而生，但它们的防护能力有限。现在防晒衣的材质也在不断进步，常用的聚酯纤维材料和锦纶面料很大程度上兼具轻质和透气性，但其主要是在布料表层附着抗紫外线涂层，虽然也能起到阻止紫外线对人体的辐射，但这种结构的布料因采用了涂层加工的方式，不仅布料的服用性能受到影响，而且由于防紫外线涂层的附着性较差，在清洗过程中容易脱落，使得防紫外线效果变差，甚至丧失。所以，发明一款具有持久抗菌防紫外线效果的防晒布料对于现代社会显得尤为重要，对于保护人类健康具有重大意义。

目前，国内外同行已做了大量研究与应用工作，纳米技术的发展与应用将使织物的抗紫外剂选用和抗紫外整理技术更趋于完善。然而，现在国内现有产品防晒功能并不强大，很多防晒产品都是从日本进口，为弥补国内这类产品的缺失，本项目提供了一种抗菌防紫外线纤维和抗菌防紫外线布料，这种布料同时具有抗菌、防紫外线、驱螨虫的功能；并且相较市场上热卖的防晒衣而言，本项目制备的布料性能受洗涤影响较小，具备更持久的防紫外线性能；客户穿在身上能够明显感受到布料的柔软轻质，且透气、易洗。由于抗紫外剂和其他功能分子与纤维之间以化学键或物理化学吸附作用于布料里，不易脱落，故而这种面料的防晒服是可以贴身穿的。

本作品选用三聚氯氰、间苯二酚和溴代正丁烷作为原料，合成三嗪类紫外线吸收剂2, 4, 6-三（2'-羟基-4'-正丁氧基苯基）1, 3, 5-三嗪。然后将该紫外吸收剂与锦纶 6 切片共混，熔融纺丝得到抗紫外线纤维，并用紫外—UPF 测试仪对紫外线纤维的紫外线防护值和纤维的耐洗性进行检测。结果表明，纤维的紫外线防护值可高达 68.25，并且在洗涤 20 次后紫外线防护值依然达 51.89，所制备的抗紫外纤维具有良好的抗紫外线性能和耐水洗性能。

3.5.6 作品的创新点和特色

①本作品将设计合成的化合物直接与聚酯或聚酰胺混合制成功能母料进行熔融纺丝，用于制备抗菌防紫外布料，具有技术上的创新性。
②抗菌防紫外线纤维（布料）的研究是当前的研究热点。
③抗菌防紫外线纤维（布料）的研究符合人们生活需求的特点。

3.5.7 创新故事

正如团队负责人朱籍章回忆，学习化学专业是自己的选择，自己从小就对化学有着浓厚的学习兴趣，上大学填报志愿时毫不犹豫地填写了高分子材料与工程专业，来到大学后经学长介绍进入了指导老师刘艳丽的课题组，认识了项目组很多志同道合的同学，在他们身上学到了很多以前从未接触过的专业知识，探索未知领域，激发了学习热情。从项目组成员到项目负责人，一步一步地成长。作为这次作品参赛成员的负责人，能够在老师和同学们的帮助下获奖感到很高兴，也非常有成就感。

大一下学期入指导老师的课题组后，跟着学长一起探索抗菌防紫外线纺织品的研究。在这个过程中从懵懂的"小白"到最后能带领自己的团队主持一项科技创新项目，这都跟指导老师的谆谆教导和项目组同学们的帮助息息相关，期间真正体会到了理论知识上升到实践的高度便能发挥巨大的作用，化学与我们的生活密不可分。更重要的是理论上可行的方案实践起来不一定能顺利地得到预想的结果，需要不断地去重复试验去验证，这也跟自己的实验操作规范有关，是一个磨炼意志的过程。

经过一年多的训练和学习，成员对指导老师的课题有了很深的了解，也产生了极大的兴趣，并向指导老师申请组建自己的团队，准备申报大创项目，大三上学期，在指导老师的帮助下和全体团队成员的共同努力下成功申报了一项省级大创课题，在这个课题研究的基础上，课题组成员利用课余时间和假期开始反复做实验验证设计方案和设想的结果，有了之前的学习和试验经验，这次的研究进展还算顺利，在实验方案的验证过程中最重要的是实验操作规范，遇到问题及时查阅资料或者请教指导老师一起探讨出现问题的原因及如何想办法解决，在指导老师的指引下顺利地解决了实验过程中遇到的一个又一个问题。例如，产物的收率不高该从哪些方面去找原因并试图用什么办法解决，另外，产物的纯度不高该怎么想办法提高产物的纯度，这些问题的解决都需要丰富的理论知识和实践经验，在这个过程中指导老师积极引导同学们发散思维，利用自己的实验经验和丰富的理论知识帮助分析其中的原因，找到解决方案，不断优化试验条件，最终得到了理想的实验结果。实验数据完成后，接下来就是整理数据、撰写论文、投稿，在等待稿件收录的过程中可以查看参赛通知着手参赛，一般通知大概在 3 月下达，这期间必须密切关注相关通知。参赛通知下发后有 2~3 个月的准备时间，在规定的时间内去相关的网站报名提交相关材料即可。

在参赛过程中，团队的成员都学到了很多，特别是组织协调能力得到了充分锻炼，更重要的是科研精神的培养，对获取科研数据实事求是的态度，遇到困难不气馁、不放弃的精神。

4 勇于尝试,敢于挑战——湖南省大学生化学化工虚拟仿真竞赛

4.1 湖南省大学生化学化工虚拟仿真竞赛简介

虚拟仿真实验依托虚拟现实、多媒体、人机交互、数据库和网络通信等技术,构建高度仿真的虚拟实验环境和实验对象,学生在虚拟环境中开展实验,在形象逼真的虚拟实验中达到教学大纲所要求的教学效果。与传统的实验教学相比,虚拟仿真实验教学经济、安全、无污染,学习方式具有交互性和开放性等特点(表3-4-1)。

表3-4-1 虚拟仿真实验教学与其他教学方法比较

教学环境	教室	实验室	企业和社会	虚拟仿真实验
知识获取	容易	较难	难	容易
主动参与	消极	积极	积极	积极
实践能力	差	好	最好	较好
直观感受	差	好	最好	较好
成本	低	较高	高	较低

2017年7月,教育部办公厅印发《关于2017—2020年开展示范性虚拟仿真实验教学项目建设的通知》,鼓励各高校积极开展示范性虚拟仿真实验教学项目建设,将虚拟仿真实验教学项目列入未来发展计划当中。2018年4月,教育部印发《教育信息化2.0行动计划》,提出实施智慧教育创新发展行动,加快建设在线智能实验室、虚拟工厂等智能学习空间,推进信息技术和智能技术深度融入教育教学全过程。

化学化工类专业是一门以实验和实践为基础的学科,但由于"四高"(高能耗、高消耗、高污染、高危险)原因,部分化学化工实验只能在实验室开展,学生的实验训练

得不到切实的保障。还有部分化学化工仪器设备昂贵，如扫描电镜、核磁共振波谱仪、高效液相色谱—质谱联用仪等，生均实验设备拥有量低，传统演示性的教学效果并不理想，学生的实践能力得不到有效的训练。此外，由于安全原因大部分化工企业不愿意接待学生实习，学生企业实习资源少，且学生在实习过程中不允许动手操作，学生走马观花似的实习效果差。因此，虚拟仿真辅助化学化工实验教学必将成为趋势。

为了响应与落实教育部高水平本科教育与教育信息化等文件精神，以"智能+教育"为理念推动创新发展，鼓励湖南省在校大学生对化学化工事业的热爱与追求，培养大学生的创新思维、工程技能和团队协作精神，增强大学生的设计与实践能力，实践"卓越工程师教育培养计划2.0"，经过湖南省教育厅同意，湖南省化学化工学会与湖南省大学生化学化工学科竞赛委员会决定举办湖南省大学生化学化工虚拟仿真竞赛。

4.2 参赛对象和形式

① 参赛者为湖南省全日制在校本科生，以团队形式参赛，每队5人，设队长1人，队长必须为大三学生，鼓励多学科学生组队参赛。

② 参赛队伍根据指导老师命题完成虚拟仿真软件的制作，初赛提交软件源代码和电子文档（软件安装使用说明书和技术文档），决赛需要现场PPT答辩。所有工作必须由参赛队员完成，每支队伍只能提交一份作品。

③ 比赛时间：每年6月初提交初赛作品，经评审筛选初部分作品7月初进行全省总决赛。

4.3 参赛准备

4.3.1 人员遴选

广发"英雄帖"，遵循自愿原则，软件编程爱好者优先（可邀请其他学院学生参加，特别是计算机、软件类专业的学生）。虚拟仿真实验中心于前一年11月开始遴选参选人员，通过发送通知、海报等形式向学院各年级学生宣传比赛事宜，吸引优秀学生参加比赛。综合考虑学生的综合素质和对于虚拟仿真比赛需要用到软件（3Dmax、C4D、Photoshop、Unity2021等）的熟悉程度，初步组3支左右队伍，每支队伍5~8个人，一般以大三学生为主，少量加入大二学生，为下一届比赛做准备（图3-4-1）。

图 3-4-1　比赛涉及的软件

4.3.2　培训组队

针对虚拟仿真竞赛会用到的 4 款软件：3Dmax、C4D、Photoshop、Unity2021，组织中南大学专家和虚拟仿真软件公司技术人员对参赛同学进行为期一周的培训。培训过程中，同学们相互了解，自由组队（5~8 人），每支队伍队设置 1 名队长，负责本小组的人员组织、工作分工、内外协调工作。组队的原则是：人员相互匹配，目标明确合理，职责分工明晰。

4.3.3　制作软件

培训后学生对于虚拟仿真软件的制作有了初步了解。教师团队根据情况每组确定一个主题，与学生沟通软件所包含的内容，学生开始软件的制作。过程中，虚拟仿真中心每周组织一次例会，跟进比赛软件制作进度，并组织不定期答疑。2021 年 5 月，经过 4 个月的努力，众里寻它千百镀队顺利完成作品《镍钨合金镀层的制备及耐蚀性能测定》，纳米扫描电镜队顺利完成作品《3D 扫描电子显微镜 SU3500 虚拟仿真》。

4.3.4　参加比赛

（1）初赛

初赛采用网络评审＋会议评审的形式进行，参赛队伍需提交报名表、参赛作品、项目设计完档、开发技术文档和使用说明书。

项目主要从 7 个方面进行评审：技术文档，满分为 10 分；使用说明文档，满分为 10 分；源代码，满分为 10 分；项目的完整性，满分为 20 分；创新性，满分为 20 分；交互性，满分为 10 分；艺术性，满分为 20 分。具体评分标准详见附录 1。

（2）决赛

决赛采用现场资料检查和答辩的形式进行。参数队伍需要提交技术文档和使用说明文档，并制作PPT（项目背景、项目内容、项目展示、制作过程等），现场答辩。文档类占30%，现场答辩占70%。详细评分标准请参考附录1。

4.4 案例：湖南省第十一届大学生化学化工学科竞赛一等奖作品

4.4.1 作品名称

镍钨合金镀层的制备及耐蚀性能测定。

4.4.2 获奖情况

湖南省第十一届大学生化学化工学科竞赛一等奖。

4.4.3 团队成员

吴迪、袁浩强、李伟杰、何协峰、唐汇博。

4.4.4 指导老师

吴锋景、刘小娟、颜东、皮少锋（图3-4-2）。

图3-4-2 指导老师和团队成员在答辩现场

4.4.5 作品概况

"镍钨合金镀层的制备及耐蚀性能测定"是湖南工程学院应用化学专业课程"金属腐蚀理论与应用"的课程实验之一。实验在开设过程中存在重金属废水排放多、工艺复杂、操作时间长等问题。湖南工程学院众里寻它千百镀队根据实验场景、实验内容和实验结果制作了"镍钨合金镀层的制备及耐蚀性能测定"虚拟仿真软件。软件有学习模式、练习模式和考核模式,学习模式包括理论知识学习模块与实验流程学习模块,学习内容有化学镀的起源、发展、基本原理、主要优缺点等。在学习模式里,学生可以观看实验视频,熟悉实验流程和注意事项;练习模式是学生在操作指引提示下穿好实验服等防护用具,进入实验室完成镀层的制备和镀层性能的检测,完成整个实验流程;考核模式是在没有提示下完成实验,检验同学们对实验的熟悉程度(图3-4-3)。

图 3-4-3 虚拟仿真软件中的学习模式、练习模式、考核模式

4.4.6 创新点和特色

①软件包括学习、练习和考核3种模式,难度由易到难,学习过程循序渐进,答题、视频、交互操作等多种形式促进学习。

②实验方案设计思路注重理论知识的综合运用、工艺流程的优化与工艺参数调整的原位融合,培养了学生的自主创新意识。

③重视过程评价,既注重基本理论知识的学习,又强化考核学生的整体思路和实验操作,构建多元动态评价体系。

4.4.7 心路历程

怎样让每个队员把自己的优势最大限度地发挥出来,怎样处理好队员与队员之间的冲突,怎样让大家对未来的比赛充满信心,是我每天都要面临的问题。其次就是我们

4 勇于尝试，敢于挑战——湖南省大学生化学化工虚拟仿真竞赛

要敢于尝试我们以前没有尝试过的事情，并尽最大努力去完成它，这样我们才能更好地成长。

——众里寻它千百镀队队长　吴迪

一场赛事，是技艺的展示，更是心路历程，对于每一位参赛选手来说，是珍贵的记忆，更是辛苦的磨砺！

——众里寻它千百镀队队长　袁浩强

软件制作对于我们学习化学化工的同学来讲可能会有些难度，但是只要我们敢于尝试，勇于挑战自己，就一定会有所收获，不管成功与否。

——众里寻它千百镀队队员　李伟杰

"坚持"的力量比我想象的要大得多，我相信任何比赛能够一路走到底最终结果都不会差。

——众里寻它千百镀队队员　陈梦浪

5 勤奋求实，厚积薄发——湖南省大学生化学化工实验技能竞赛

5.1 湖南省大学生化学化工实验技能竞赛简介

高校作为高层次人才培养的第一阵地，必须坚持不懈地推进创新创业教育改革，大力培养各类创意创新创业人才，努力为创新驱动发展和深入推进"双创"提供强大的人才支撑和知识贡献。湖南省教育厅举办湖南省大学生化学化工实验技能与竞赛，目的在于引导全省高校紧密对接行业企业人才需求，加快建设一流化学化工学科专业，大力改革化学化工及相关专业人才培养模式，全面提高大学生专业实验技能和创新创业能力，为优秀化学化工人才脱颖而出搭建更大舞台和更高平台。为提高大学化学实验课程质量，夯实化学实验理论基础及提高实践操作水平，培养学生的创新能力及良好的科学素质。湖南工程学院材料与化工学院一直以来十分重视大学生实践能力和创新能力的培养，积极落实"以赛促学，以赛促教"，学科竞赛成绩不断取得新突破。

5.2 参赛要求

按湖南省教育厅要求，各高校需组织初赛选拔20名学生，竞委会随机抽取4名学生，并提前20天通知各参赛高校，各参赛高校从中自主选择3名学生参赛。决赛报名时需提供教务处举办初赛的相关文件，不组织初赛的高校取消决赛资格。

5.3 竞赛内容

（1）理论考试

涵盖基础化学实验中与无机化学、有机化学、分析化学和物理化学相关的基础知识。湖南省第六届大学生化学实验技能与化学化工创新竞赛试题详见附录2。

（2）实验技能测试

内容分别侧重于无机化学实验和分析化学实验（含仪器分析）、有机化学实验、物理化学实验3个不同的化学类别，着重测试学生综合运用基础知识解决实际问题的能力与实验操作基本技能，检测学生的创新意识和综合素质。

5.4 竞赛方式

（1）理论加操作相结合

为全面检验大学生的理论素养和实践能力，竞赛采取实验理论考试（笔试）与实验操作技能测试相结合的方式，参赛选手总分为100分，其中笔试占总分的30%、实验操作占总分的70%。

（2）考试要求

所有参赛选手的实验理论考试试题相同，同队参赛选手所做实验操作题目不同，实验操作考试具体题目由参赛选手进实验室前抽签确定，一旦确定，不得更改。

5.5 奖项设置

竞赛设个人一、二、三等奖，获奖学生将由湖南省教育厅颁发获奖证书。竞赛不计入参赛学校总成绩，不排学校名次。设立优秀组织奖，颁发证书。

5.6 案例一：湖南省第十一届大学生化学化工学科竞赛（实验技能：有机组）一等奖

5.6.1 实验操作大赛题目

乙酸正丁酯的制备及折光率测定。

5.6.2 获奖情况

湖南省第十一届大学生化学化工学科竞赛（实验技能：有机组）一等奖。

5.6.3 团队成员

李成。

5.6.4 指导老师

谢艳军、皮少锋。

5.6.5 学科竞赛实验操作大赛（有机组）概况

乙酸正丁酯是无色透明液体，有果香，能与乙醇和乙醚混溶，溶于大多数烃类化合物，25 ℃时溶于约120份水。相对密度0.8826，凝固点-77 ℃，沸点125~126 ℃，闪点（闭杯）22 ℃，易燃，蒸气能与空气形成爆炸性混合物，爆炸极限1.4%~8.0%（体积），有刺激性，高浓度时有麻醉性。较低级同系物难溶于水，是一种优良的有机溶剂，对乙基纤维素、醋酸丁酸纤维素、聚苯乙烯、甲基丙烯酸树脂、氯化橡胶及多种天然树胶均有较好的溶解性能。

在干燥的100 mL圆底烧瓶中加入9.2 mL正丁醇和5.8 mL冰醋酸，再加入2~3滴浓硫酸，充分振荡，加入2粒沸石，瓶口安装分水器，分水器上装回流冷凝管，并在分水器中预先加入8 mL的水。在石棉网上加热回流，反应一定时间后把水逐渐除去，保持分水器中水层液面在原来高度。约40分钟后不再有水生成，表示反应完毕。停止加热，记录分出的水量，冷却后卸下回流冷凝管，把分水器中分出的脂层和圆底烧瓶中的反应液一起倒入分液漏中。有机层用10%的碳酸钠溶液10 mL洗涤至没有酸性，分去水层。有机层再用10 mL水洗涤一次，分去水层。将有机层倒入锥形瓶中，加入少量无水硫酸镁干燥。将干燥后的乙酸正丁酯倒入干燥的30 mL蒸馏烧瓶中，加入沸石，在石棉网上加热蒸馏，收集115~126 ℃的馏分。用阿贝折光仪测定产品折光率。图3-5-1为操作大赛实况图。

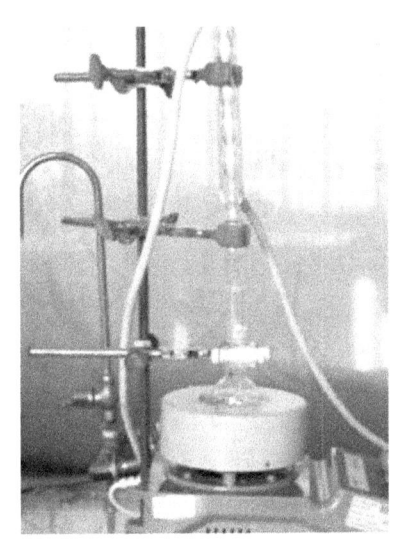

图3-5-1 操作大赛实况

5.6.6 学科竞赛实验操作大赛要点

① 注意实验过程的操作规范和分析的精度，提高学生的化学实验操作水平和实验严谨性。

② 实验方案设计思路注重理论知识的综合运用，培养了学生的逻辑思维能力和动手能力。

③ 重视过程评价，既注重基本理论知识的学习，又强化考核学生的整体思路和实验操作，构建多元动态评价体系。

5.6.7 竞赛故事——勤奋求实，厚积薄发

勇敢面对自己

3月的某一天，偶然听闻学校要举办一个实验操作技能竞赛，并且欢迎材料与化工学院学生积极报名参加，回想起大学到现在自己获得的那寥寥几张证书，在考研复试时几乎没有竞争力，假如初试分数和别人一样，但到时候复试时别人有各种证书导师肯定选他，一想到这我决定捎着室友一起去，想着这次去至少得拿个奖回来，管他是几等奖，至少有个奖（图3-5-2）。

图 3-5-2 李成（高分子1801班学生，实验技能：有机组一等奖）

就这样我和室友商量着准备一起去报名。过了几天我惊讶地发现名单里居然已经有我和室友的名字了，这难道是天意？表明我们会得奖？过了两天参加了皮老师主持的动员大会，到会的有百来人。皮老师简单介绍了一下大赛的流程：首先，全员参加理论考试，选拔40名成绩优异者；然后进行实验操作考试，选出25名操作规范者，根据成绩学校颁发获奖证书。随后，对这25名同学进行理论培训，培训完后再进行一次选拔考试选出20余名同学，将名单报送至湖南省教育厅，省教育厅随机抽取4名，1名备选，最后只有3名同学参加省赛。同时，皮老师还给我们举了一个成绩不理想的学长参加这个比赛获得省奖后决定考研，然后成功上岸光辉历史的例子。听完后我虽颇为触动，但

我坚信这个人肯定不是我。我只想拿个校奖让我在复试的时候有一点竞争力罢了，就算我想拿省奖，好像还有点麻烦，要培训那么久，到了省教育厅那边还是随机抽选的，不确定因素太大了，还是留给那些更优秀的人吧，先杀进前25名拿个校奖再说，也不枉此行了。或许很多人都是我这种想法，理论考试时就已经走了一小半人，不过还是有些想拿省奖的做了充足准备，把教材都看了一遍。还好我有幸成为40名中的一员。到现在只差一个操作考试我就能拿个奖了，这一关我得准备一下，所以我利用考研空余时间把四大基础化学实验过了一遍，接着就是一轮操作考试，原来就是简单地搭个装置，我迅速搭好了，后来一看别人的和我不一样，我想了一下拆了又搭得和别人的一样，我一看不对劲又拆了搭成最开始的样子。后来回去看书才知道我开始搭的才是对的，这告诉我们一个道理，要相信自己，自己犯的错误自己来承担，因为相信别人而犯了错误，后悔莫及！我差点就与校三等奖失之交臂，而室友已被斩于马下，后面的路得一个人走了。

勤奋求实，更上一层楼

接下来就是长达一个月的理论培训。"理论部分占40%"，皮老师说："我们学校往年都是吃亏吃在理论，实验部分大家的操作水平差不了很多，拉开距离就靠理论了，所以这部分要认真对待。"其实走到这里我已经达到我最开始设想的目标了，但我为什么还会坐在这听理论培训呢，这可是要去参加省赛呢。那是因为我拿到校三等奖之后，不久就开始觉得这仅仅只是个校级奖，而且还只是个三等奖，有点不甘心，而到时候复试估计拿出来都没啥面子。要是能拿个省奖那多光荣，而且在复试时肯定更具竞争力，况且目前我还有参加省赛的资格，何不试一试？也许人的进步就是来源于不满足。于是我又老老实实地坐在教室里学习，决定如果这次被选上一定要抱个省奖回来！

上课的氛围是极好的，在座的25名同学都是经过选拔而来的，个个身怀绝技。老师讲题目我们也会和他据理力争，直到完全弄懂为止。谭老师上课幽默风趣，黄老师、沈老师讲题思路清晰，思维严谨，能感受到浓厚的学术氛围。这和我们平常上课灌输式学习大不一样，来这里确实是学习知识并且要和别的学校竞争的，这里存在一个简单的原则——没有真本事，逃脱不了被淘汰的命运。明白这一点后我比以前学习更认真了，分析问题和解决问题的能力大幅提升。接着一轮理论考试轻而易举地淘汰5名同学，进入前20名，只等着省名单出来了。

厚积薄发，锋芒毕露

我被选上啦！前三，这意味着我将要代表学校去参加比赛了，高兴的同时又感到无形的压力，我被选上要是没有拿到奖怎么办，那岂不是愧对于老师的培养？所以我将全力以赴。接下来就是全天培训了，每天都排得满满的，有机、无机分析、物理化学间隔做实验。有机实验搭装置"从左至右，从下到上，从侧边看要在同一条直线上"，每次都听到谢老师说这句话，一天下来拧螺丝拧到手都拿不了笔了，接着是各种仪器装置使用的规范顺序，记录实验现象，做完一整套实验，最后提交实验报告。大一懵懵懂懂做过的实验全部都得补上来，这也极大地提高了我的动手能力和观察能力。做分析实验是很讲究技术的，滴定、移液、定容，每一个环节都要做得非常缜密、仔细，指示剂变色的瞬间，对移液与定溶液面切刻度时的判断，都对实验结果有着极大的影响。要想获得最终的成功，只知道如何操作是远远不够的，必须明白每一个细节都需尽全力，避免任何一点小的失误，一丝不苟地进行每个步骤，独立动脑思考并铲除遇到的各种障碍，与此同时准确记录实验现象与数据，耐心等待最终的实验结果。傅老师全程都在旁边指导我们3名同学，我们的每一步操作傅老师尽收眼底，并及时给予指正。从刚开始用分析天平的手抖如筛糠，到后面的熟练自如；从刚开始只会用现成的试剂到自己会配制各种试剂。这都是日复一日努力学习的结果，是分析能力、独立思考能力、操作能力增强的表现。通过做物理化学实验了解了许多实验的基本原理和实验方法，学会了许多种不同的测量分析方法、基本实验仪器的使用等。另外，也提高了我独立做实验的能力，大大提高了我的动手能力和思维能力及基本操作与基本技能的训练，并且我也深深感受到做实验要具备科学的态度。经过这接近一个月的实验操作训练，我觉得我可以代表学校出征了，并且信心满满，谁与争锋？

写在最后

纸上得来终觉浅，绝知此事要躬行。写在纸面上的那是别人的经历，如果自己有想法那就要去实现它，相信自己，挑战自己，勤奋求实，厚积薄发，创造属于自己的未来。

5.7 案例二：湖南省第十一届大学生学科竞赛（实验技能：无机及分析组）一等奖

5.7.1 实验操作大赛题目

醋酸铜的制备及组成分析。

5.7.2 获奖情况

湖南省第十一届大学生学科竞赛（实验技能：无机及分析组）一等奖。

5.7.3 团队成员

牛黎铭。

5.7.4 指导老师

傅昕、黄子俊。

5.7.5 学科竞赛（实验技能：无机及分析组）概况

醋酸铜，一水化合物为蓝绿色粉末性结晶，240 ℃时脱去结晶水，可溶于乙醇，微溶于乙醚和甘油。用作分析试剂、色谱分析试剂，还可用作有机合成催化剂、油漆快干剂、农药助剂、瓷釉颜料原料等。

将 50 g 五水硫酸铜溶于 500 mL 水中，过滤，另取 57 g 十水合碳酸钠溶于 240 mL 水，加热至 60 ℃，慢慢加入硫酸铜溶液，并不断搅拌。静置，滤出沉淀物，用热水洗涤至无硫酸为止，将沉淀物放在 300 mL 水中，加入 2 mL 氨水搅拌，静置，倾出上层溶液，如此洗涤、沉淀数次。在烧杯中加入 180 mL 水，加热至 60 ℃，加入 22 g 冰醋酸，然后加入上述洗好的碱式碳酸铜，直至容器底部略有剩余。过滤，滤液蒸发浓缩至原体积的 1/3 时，冷却，过滤，用 2 mL 水洗涤，于室温干燥得成品。常见的分析滴定操作如图 3-5-3 所示。

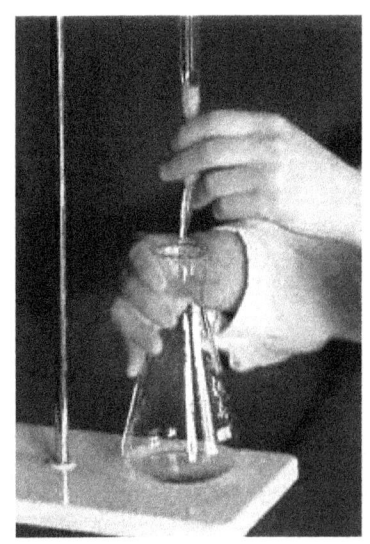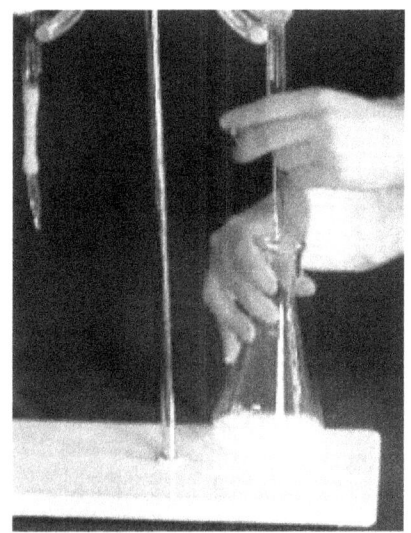

图 3-5-3　常见的分析滴定操作

5.7.6 学科竞赛（实验技能）大赛要点

① 注意实验过程的操作规范和分析的精度，提高学生的化学实验操作水平和实验严谨性。

② 实验方案设计思路注重理论知识的综合运用,培养了学生的逻辑思维能力和动手能力。

③ 重视过程评价,既注重基本理论知识的学习,又强化考核学生的整体思路和实验操作,构建多元动态评价体系。

5.7.7 竞赛故事——平凡之中亦有不平凡的未来等你去实现

首先,非常感谢学院的邀请,让我能在这里跟各位学弟学妹分享关于大学生活、学习、学科竞赛的一些心得体会。作为你们的学长,我其实也是班里极为普通的一个个体,能在这里介绍一些经验也并非有过人的技能,只是有些运气因素加上培训时的努力而已。所以我相信,我能做到的各位学弟学妹也一定能做到,而且会比我做得更好!

我想,如果开篇就介绍大量有关如何努力学习的方法不一定能起到理想的效果,毕竟同学们现在大概已经被各种鸡汤(关于考证的、考研的、周末兼职的,或者是感情上的)灌得有些麻木了,我再添油加醋也是不痛不痒而已。相反,我更鼓励大家先把自己的想法付诸实践,即使失败了也能在社会的毒打中更清醒地认识自己,从而抛弃那些不切实际的幻想(图3-5-4)。

图3-5-4 牛黎铭(高分子1801班学生,无机及分析化学组一等奖)

大学给予了我们充足的试错机会,所以不用担心做错了什么,因为了解自己的短处与发挥自己的长处同样重要,而大学这个广阔的平台正好也提供了各种能够锻炼能力的机会,像社团、学生会、班干部,或者参与各种比赛。我自己大一大二的时候也参加了这些活动,但是比起锻炼能力,我最大的收获就是充分认识了自己,在这些活动中我并没有表现得很优秀,但我也意识到了我的兴趣所在,并且为我之后的规划提供了非常重要的指导。所以,如果某些课外活动让你做起来痛苦而又没有意义,那请遵循你自己内心的决定,不必太在意旁人的看法,毕竟大学里最重要的依然是学业。

大三是一个非常重要的分水岭,如果说大一大二是在不断地尝试中认识自己,那大三就要开始总结、找到自己的兴趣所在、发掘一条适合自己的路了。有些人在学生会中展现出了不错的社交与管理能力,那么大三可以选择留任,有些人在学习了两年的专业课后渐渐发觉了化学的魅力,那就可以去帮老师做一些研究或者参加各种的学科竞赛,有些人在两年的时间里学会了一项特长,希望借此发光发热,这也是值得鼓励的。如果没有明确的目标也可以专注于学习,成绩好永远是最核心的竞争力。但是无论选择了一条怎样的路,坚持才是胜利,再美好的梦想也只有实现了才有价值,希望各位学弟学妹不要好高骛远,自己选的路就要脚踏实地地走下去。

有些同学对于化学竞赛跃跃欲试却又担心自己成绩不够优秀难以胜任,从我的亲身经历中可以告诉大家大可不必有这样的担心,因为学长我的成绩也并不出众(4年从来都没获得过一次一等奖学金),参加实验操作大赛也完全是出于兴趣。不过我也不赞成同学们盲目从众,因为室友参加了所以就跟着组团报名。我希望报名的同学是喜欢实验的,毕竟培训的时间很长,过程很辛苦,会占用非常多的课余时间,如果只把参加竞赛当成一项任务去完成,那将会使你感到非常枯燥乏味。所以我鼓励大家带着兴趣去参加竞赛,就像喜欢篮球的同学参加篮球赛,喜欢足球的同学参加足球赛一样,训练都很辛苦,但也是痛并快乐着的。

相信各位学弟学妹中很多都是准备考研的,所以也难免会想,拿出两个月考研复习的时间去参加竞赛值得吗?我觉得非常值得。无论同学们今后是否从事与化学相关的专业,考研是出于想去更广阔的平台学习还是想获得更好的就业资源,但不可否认的是,至少在研究生的这2年或3年的学习中,我们依然从事的是化学方向的研究,而化学研究的基础就是实验,一切成果都要从实验中得到,一切理论都要经得起实验的检验,而化学实验往往都具有一定的危险性,所以掌握坚实的实验基本功不仅是出于研究的需要,更是出于对大家安全的保护。

最后,我希望大家都能充满信心,无论是对于竞赛或者是考研,这种信心不是看了几篇毒鸡汤或者受到他人的称赞就能产生的,每个人都是独一无二的,我们需要在不断地在实践中总结经验，在成功中发掘自己的潜力，在失败中承认自己的缺陷，从而总结出一条适合自己的、能充分发挥自身优势的道路，并且对这条专属于自己的成长之路充满信心，相信自己，相信勤奋求实，厚积薄发，相信平凡之中亦有不平凡的未来等着你去创造。

6 开拓创新，锐意进取 ——"互联网+"大学生创新创业大赛

6.1 "互联网+"大学生创新创业大赛简介

2015年3月，我国《政府工作报告》中多次发出大众创业、万众创新的号召。《政府工作报告》中如此表述：推动大众创业、万众创新，"既可以扩大就业、增加居民收入，又有利于促进社会纵向流动和公平正义"。在论及创业创新文化时，强调"让人们在创造财富的过程中，更好地实现精神追求和自身价值"。随后，2015年5月，国务院办公厅印发了《关于深化高等学校创新创业教育改革的实施意见》等一系列文件，指出大学生是实施创新驱动发展战略和推进大众创业、万众创新的生力军，既要认真扎实学习、掌握更多知识，也要投身创新创业、提高实践能力。

在以上背景下，教育部组织并实施了中国"互联网+"大学生创新创业大赛（每年举办一次）。中国"互联网+"大学生创新创业大赛紧扣国家发展战略，是促进大学生全面发展的重要平台，也是推动产学研用结合的关键枢纽。该大赛的宗旨是深化高等教育综合改革，激发大学生的创造力，培养造就大众创业、万众创新的生力军；推动赛事成果转化，促进"互联网+"新业态形成，服务经济提质增效升级；以创新引领创业、创业带动就业，推动高校毕业生更高质量地创业就业。大赛的目标是把竞赛作为深化创新创业教育改革的重要抓手，引导各地各高校主动服务创新驱动发展战略，创新人才培养机制，切实提高高校学生的创新精神、创业意识和创新创业能力。

6.2 参赛项目类型

参赛项目能够将移动互联网、云计算、大数据、人工智能、物联网、下一代通信技术、区块链等新一代信息技术与经济社会各领域紧密结合，服务新型基础设施建设，培育新产品、新服务、新业态、新模式；发挥互联网在促进产业升级及信息化和工业化深

度融合中的作用，促进制造业、农业、能源、环保等产业转型升级；发挥互联网在社会服务中的作用，创新网络化服务模式，促进互联网与教育、医疗、交通、金融、消费生活等深度融合。参赛项目主要包括以下类型。

① "互联网+"现代农业，包括农林牧渔等。

② "互联网+"制造业，包括先进制造、智能硬件、工业自动化、生物医药、节能环保、新材料、军工等。

③ "互联网+"信息技术服务，包括人工智能技术、物联网技术、网络空间安全技术、大数据、云计算、工具软件、社交网络、媒体门户、企业服务、下一代通信技术、区块链等。

④ "互联网+"文化创意服务，包括广播影视、设计服务、文化艺术、旅游休闲、艺术品交易、广告会展、动漫娱乐、体育竞技等。

⑤ "互联网+"社会服务，包括电子商务、消费生活、金融、财经法务、房产家居、高效物流、教育培训、医疗健康、交通、人力资源服务等。

6.3 参赛项目要求

参赛项目须真实、健康、合法，无任何不良信息，项目立意应弘扬正能量，践行社会主义核心价值观。参赛项目不得侵犯他人知识产权；所涉及的发明创造、专利技术、资源等必须拥有清晰合法的知识产权或物权；抄袭、盗用、提供虚假材料或违反相关法律法规一经发现即刻丧失参赛相关权利并自负一切法律责任。

参赛项目涉及他人知识产权的，报名时需提交完整的具有法律效力的所有人书面授权许可书、专利证书等；已完成工商登记注册的创业项目，报名时需提交营业执照及统一社会信用代码等相关复印件、单位概况、法定代表人情况、股权结构等。参赛项目可提供当前财务数据、已获投资情况、带动就业情况等相关证明材料。

以创新创业团队为单位报名参赛。允许跨学院组建团队，每个团队的参赛成员不少于3人，原则上不多于15人（含团队负责人），须为项目的实际成员，指导教师不超过3人。参赛团队所报参赛创业项目，须为本团队策划或经营的项目，不可借用他人项目参赛。参赛项目根据赛道相应的要求，只能选择一个符合要求的赛道参赛。

6.4 参赛赛道、组别和对象

根据参赛项目所处的创业阶段、已获投资情况和项目特点,该赛道分为创意组、初创组、成长组、师生共创组。具体参赛条件如下(以 2021 年赛事通知为例)。

① 创意组。参赛项目具有较好的创意和较为成型的产品原型或服务模式,在 2021 年 5 月 31 日(以下时间均包含当日)前尚未完成工商登记注册。参赛申报人须为团队负责人,须为普通高等学校在校生(可为本专科生、研究生,不含在职生)。

② 初创组。参赛项目工商登记注册未满 3 年(2018 年 3 月 1 日后注册),且获机构或个人股权投资不超过 1 轮次。参赛申报人须为初创企业法人代表,须为普通高等学校在校生(可为本专科生、研究生,不含在职生)或毕业 5 年以内的毕业生(2016 年之后毕业的本专科生、研究生,不含在职生)。企业法人代表在大赛通知发布之日后进行变更的不予认可。

③ 成长组。参赛项目工商登记注册 3 年以上(2018 年 3 月 1 日前注册)或工商登记注册未满 3 年(2018 年 3 月 1 日后注册),获机构或个人股权投资 2 轮次以上(含 2 轮次)。参赛申报人须为企业法人代表,须为普通高等学校在校生(可为本专科生、研究生,不含在职生)或毕业 5 年以内的毕业生(2016 年之后毕业的本专科生、研究生,不含在职生)。企业法人代表在大赛通知发布之日后进行变更的不予认可。

④ 师生共创组。基于国家级重大、重点科研项目的科研成果转化项目,或者教师与学生共同参与创业且教师所占权重比例大于学生(如已注册成立公司,教师持股比例大于学生)的项目参加师生共创组进行比赛。参赛项目必须注册成立公司,且公司注册年限不超过 5 年(2016 年 3 月 1 日后注册),师生均可为公司法人代表。企业法人代表在大赛通知发布之日后进行变更的不予认可。股权结构中,师生股权合计不低于 51%,且学生参赛成员合计股份不低于 10%。

6.5 比赛赛制

大赛采用校级初赛、省级复赛、全国总决赛制。校级初赛由各高校负责组织,省级复赛由各省(区、市)负责组织,全国总决赛由各省(区、市)按照大赛组委会确定的配额择优遴选推荐项目。大赛组委会将综合考虑各省(区、市)报名团队数、参赛高校数和创新创业教育工作情况等因素分配名额。每所高校入选全国总决赛团队总数不超过 4 个。

全国共产生 600 个项目入围全国总决赛。通过网上评审，产生 120 个项目进入全国总决赛现场比赛。

6.6 案例一："建行杯"第五届湖南省"互联网+"大学生创新创业大赛三等奖作品（1）

6.6.1 作品名称

"雨墨染"工作室。

6.6.2 获奖情况

"建行杯"第五届湖南省"互联网+"大学生创新创业大赛三等奖（图 3-6-1）。

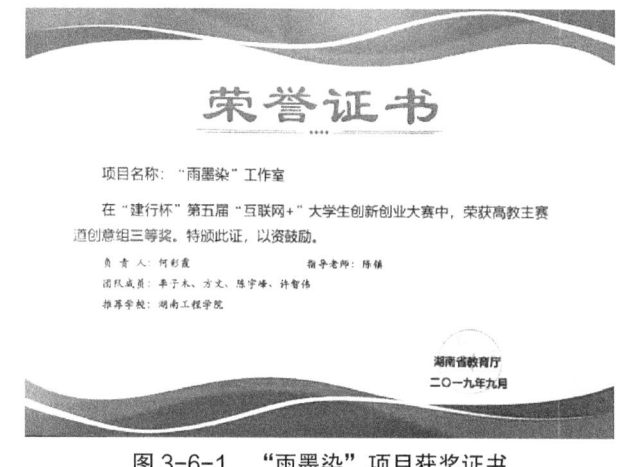

图 3-6-1 "雨墨染"项目获奖证书

6.6.3 团队成员

何彩霞、李子木、方文、陈宇峰、许智伟。

6.6.4 指导教师

陈镇。

6.6.5 作品概况

"雨墨染"是一所专门从事植物染整,兼顾艺术设计和纺织品印染创作的工作室(图3-6-2)。本工作室依据轻化工程(印染方向)、纺织工程、产品设计等相关专业理论,借助植物草木染相关技术,崇尚"顺应自然四季变化,依节令时令行事"的人与自然和谐共生的理念,打造一个集"健康、时尚、创意"为一体的植物染特色服务平台。在当前合成染料污染严重、人们环保意识逐渐提高的大背景下,以及在"丝绸之路""一带一路"的千年文化传承下,"雨墨染"以"慢生活、亲自然"为公司宗旨,为社会提供更绿色、更健康、更生态的植物染产品。

图 3-6-2 "雨墨染"工作室商标

"雨墨染"工作室拟设在湘潭市大学生创业园,通过采集植物组织,如根、茎、花、叶、果等进行印染加工,提取不同色泽的植物色素,并可根据用户喜好或创意,结合棉、麻、丝等纺织材料、设计花样图案,进行植物印染创作。主要依托拓染、扎染、蒸染、煮染手段使植物色素上染纺织材料。本工作室目前设有的纺织产品类别主要有床上用品、各类休闲服饰、包、袋、工艺品等。植物染材取自山川大地,因季节、时间、气候、地域各有不同,草木染可以赋予纺织品变幻多样的自然色泽;同时,植物自有的安详气质兼药用保健功效,使纺织品独具自然气息,属于真正的绿色、生态、健康产业。

纺织产业是湖南省传统的特色产业,潜力巨大。2016 年 6 月湖南省经济和信息化委员会印发的《湖南省纺织行业"十三五"发展规划》中提出,到 2020 年,全省规模纺织工业完成增加值 380 亿元,年均增长 8%;实现主营业务收入 1340 亿元,年均增长 7%;实现利税 100 亿元。随着我国把建设生态文明提升到执政理念和国家整体战略层面,环保法律法规和环境治理要求更加严格,植物染开始进入国家重点关注产业,"雨墨染"工作室市场前景广阔。

工作室以长株潭市场为初期目标,中期发展到常德、衡阳、岳阳等省内主要城市,最终覆盖湖南市场,之后再进行省外市场布局。"雨墨染"工作室力求多方位、多元化发展市场。

① 从幼儿园到小学生市场:植物草木染亲子活动,一方面让小朋友亲近自然;另一方面更能促进家长与小孩之间的互动。

② 大、中学生市场:针对闺蜜、情侣、同学、朋友推出相应的活动项目。

③ 单位:结合单位、部门的团建活动设计主题。

④ 散户:个性化的休闲、手工、放松、DIY 项目。借助当前发达的现代化社交平台,进行快速传播与推广。

6.6.6 作品特色

(1) 创新性

目前,在全湖南省内暂无与"雨墨染"相类似的工作室,相关文献资料几乎没有,成熟的产品很少,目前市场上可见的拓染相关产品包括装帧书本都难以见到。

(2) 特色性

"雨墨染"工作室的专业基础是轻化工程专业,湖南工程学院是湖南省唯一一所具有轻化工程本科专业的院校,轻化工程专业属于教育部卓越工程师培养计划试点专业、湖南省特色专业、湖南省重点专业,拥有中央与地方共建高校特色优势学科专业实验室,与益阳龙泉纺织有限公司的产学研合作基地被湖南省教育厅批准为湖南省优秀实习教学基地。

(3) 时节性

在工作室正式注册之前团队在前期工作中已对不同的织物和植物染材进行了测试,筛选出了织物与植物染材的对应关系,确保消费者拿回去的作品具有耐存储性。但植物的花叶会随着季节的变化而变化,所以作品也会随着季节的变化而变,风格、特色非常明显却不单调,因此,"雨墨染"工作室的经营模式就要随着季节的变化而自由变通,这也增加了老顾客对我们"雨墨染"工作室的好奇心,吸引他们成为我们忠实的拥趸,并带来更多的客户资源。

6.7 案例二:"建行杯"第五届湖南省"互联网+"大学生创新创业大赛三等奖作品(2)

6.7.1 作品名称

新聚高分子。

6.7.2 获奖情况

"建行杯"第五届湖南省"互联网+"大学生创新创业大赛三等奖(图3-6-3)。

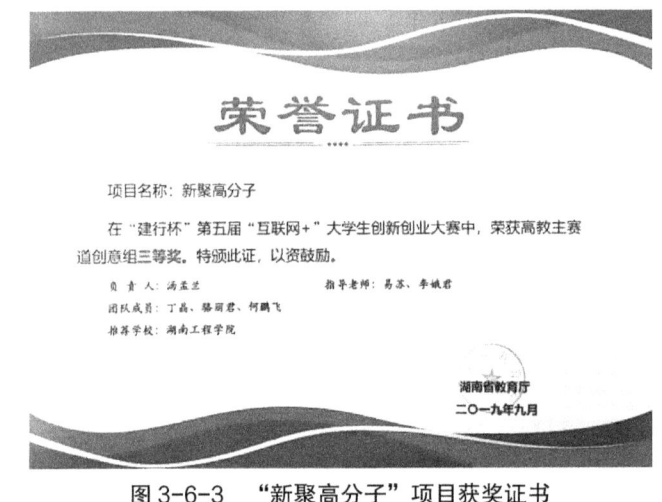

图 3-6-3 "新聚高分子"项目获奖证书

6.7.3 团队成员

汤孟兰、骆丽君、何鹏飞、丁晶。

6.7.4 指导教师

易苏、李娥君。

6.7.5 作品概况

项目所述纳米 TiO_2/SA/PVA 复合水凝胶是一种经纳米改性后的新型高分子复合材料,它不仅具备普通水凝胶的吸水、保水、缓释及对外界刺激的敏感性响应等性能,还具有环保、低毒性、生物相容性优异等特点。经改性后还具有抗菌和防紫外线等功能，主要适用于博物馆及纪念馆中陈列的文物保护，同时也可用作现代电子触摸屏缓释剂。本项目已申请国家发明专利两项，授权一项，另一项进入实质审查阶段，同时在CSCD、中文核心杂志上发表科研成果论文两篇。

从世界范围看，2009—2015年，PVA水凝胶需求量以年均4%的速度增长，预计2020年，世界PVA水凝胶需求量将达到190万吨左右，随着国内聚乙烯醇产业技术水平的不断提高和国外市场对聚乙烯醇产品需求的快速增长，我国聚乙烯醇及其下游产品的出口有进一步扩大的趋势。但同行业多数公司生产研发过于普遍化，缺乏创新性。而本公司纳米TiO_2/SA/PVA复合水凝胶经改性后具备了一般水凝胶膜所不具备的优良性质，具有抗菌防紫外线等功能，文物遗产中书绘作品、纺织品、服饰的材料一般都是天然纤维，经过长时间的老化分解，极不易保存，本公司的TiO_2/SA/PVA复合水凝胶可以有效防止纤维材料的老化，对文物的保护极具意义，市场潜力无限。

初期公司将采用直接进入战略，渗透市场，占领市额，客户让利直销和加盟代理作为主要渠道，渗透品牌理念；中期采用产品差异化战略，升级产品提升性能，实行客户一对一营销，定制个性化需求，实现客户价值壮大公司发展，继续提升产品性能；后期将以其产品独特核心的竞争力强化和稳固市场份额，深入开发新技术和新领域，扩大公司社会影响力。根据本公司财务融资分析，预计2020年净利润可达34 815万元，2021年可达41 479万元，2022年可达65 403万元，商业价值可观。本公司由一支高学历、高素质人才的创业团队组成，作为国内一支高新材料团队，积累了丰富的运营经验，公司形成了科学的管理体系。团队成员年轻而充满朝气，具有创新意识并勇于迎接挑战，具备良好的社会责任感，愿为我国文物保护及现代化触摸屏行业，贡献一份绵薄之力。图3-6-4是团队为公司设计的商标。

图3-6-4　新聚高分子商标

6.7.6 作品特色

PVA 水凝胶膜作为一种新颖的包装材料,以其良好的水溶性、阻隔性和环保性等优点,在欧美、日本等国得到了环保部门的广泛认可,具有极为广阔的发展前景,更具有广阔的经济市场。随着我国经济的加速发展,我国 PVA 薄膜工业成"破茧"之势,环保材料、包装等行业对 PVA 薄膜的用量将不断加大。

本公司项目涉及高分子材料领域,特别涉及一种复合水凝胶及其制备方法,主要由完全醇解型聚乙烯醇、部分醇解型聚乙烯醇、天然高分子材料、水杨酸、表面活性剂、硅烷偶联剂、纳米氧化石墨烯、纳米二氧化钛、水等原料制成,本发明采用水溶性高分子基材,以水做溶剂,添加天然高分子材料,不含有害化学物质或刺激性物质,环保、安全,以水杨酸和纳米二氧化钛作为抗菌剂和抗紫外线剂,对大肠杆菌抗菌效果好,有效降低紫外线的伤害,复合水凝胶膜力学性能较佳,可作为抗菌、防紫外线用途,如触摸屏杀菌、纺织材料的抗菌和防紫外线等。

随着我国经济的发展,高支高密高档纺织品内需与出口增加,高档造纸业、石油开采业发展速度加快,汽车工业更是蓬勃发展,汽车、建筑用安全玻璃需求快速上升,这些行业为聚乙烯醇新产品的开发提供了广阔的发展空间。预计到 2020 年,我国对聚乙烯醇的总需求量将超过 100 万吨,产能过剩,国内市场竞争将更加激烈,随着国内聚乙烯醇产业技术水平的不断提高和国外市场对聚乙烯醇产品消费需求的快速增长,我国聚乙烯醇及其下游产品的出口有进一步扩大的趋势。

在所有已知的水凝胶中,PVA 复合水凝胶是使用范围最广、应用场合最多、研究时间最长的水凝胶之一。PVA 复合水凝胶毒性很低,日本和美国已经在医药和食品工业上开始运用此水凝胶,PVA 复合水凝胶具有优良的透明性及不容易积累静电,不易吸附灰尘等性能,且 PVA 复合水凝胶除了具备一般水凝胶的性能外,还具备毒性低、机械性能优良(高弹性模量和高的机械强度)、吸水量高和生物相容性好等优点,因而倍受青睐。其在生物医药领域的应用研究获得了很高的重视,可以用作人工肾、渗透膜、接触性镜片、伤口绷带和敷料、组织工程及药物释放体系等。我们所研制的改性 PVA 复合水凝胶主要在文物保护和用作触摸屏杀菌剂这两个方面具有显著作用,具有抗菌防紫外线等功能,如果将其对纺织材料进行处理,可以达到保护纺织材料的目的,且效果良好,对纺织材料无其他不良影响。

附录1 湖南省第一届大学生化学化工虚拟仿真竞赛（初赛）评审方案

1. 日程安排

2. 原创性评审

原创性评审即资格评审，通过原创性评审的选手才能进入后面的技术性评审。原创性评审由中南大学矿冶工程化学虚拟仿真中心（国家级）组织技术人员对仿真项目提交的项目材料、源代码等相关文件进行评测后得出结论。

3. 技术评审（网评）

虚拟仿真项目技术评审对标国家及省级虚拟仿真实验教学项目评审标准，评审重点在于，项目开发应针对本科实验教学，秉持以学生为中心的实验教学理念，坚持问题导向与"能实不虚"原则，采用创新多样的教学方式方法及先进可靠的信息技术，项目在稳定安全、开放运行的同时注重保护产权与个人信息。

技术评审包含文档和仿真项目评审两大部分，共7个单项，采用百分制计分，其中文档部分占30%、仿真项目部分占70%。

技术评审采用网评方式，评分标准详见附件一，评委须知详见附件二。

网评专家从各参赛学校推荐教师中选定。

4. 会评（总评）

会评（总评）由湖南省化学化工学会根据原创性评审、技术评审结果对参赛作品进行综合评选，确定本次竞赛学会的特等奖、一等奖、二等奖和三等奖，并评选出湖南省教育厅三等奖及参加决赛的队伍名单。

5. 评审结果公示

湖南省化学化工学会根据会评结果，6月30日前在湖南省化学化工学会官网公布获奖情况，对获奖作品的学生作者、指导教师颁发荣誉证书。

附件一　虚拟仿真技术评审评分标准

虚拟仿真项目技术评审对标国家及省级虚拟仿真实验教学项目评审标准，重点考察实验教学内容、教学理念、教学方式方法及项目开发手段的创新性，评审包含文档和仿真项目评审两大部分，采用百分制计分，其中文档部分占30%、仿真项目部分占70%，评分应结合上述评审重点，同时需要在相应的打分栏里给出扣分理由的编号或具体说明。

一、文档评分标准

【1】技术文档：满分10分。

1.1　包含项目背景、立项理由、现有不足，得3分。

1.2　包含整体解决方案、目的目标、框架结构、实现功能，得3分。

1.3　包含实施技术路线、项目分解、人员分工、采用的软件及开发工具，得4分。

【2】使用说明文档：满分10分，项目分两类评分。

2.1　虚拟仿真实验类别项目主要包含安装与使用、实验目的、实验原理、实验流程、操作说明、运行结果、实验报告，完整规范的得8~10分，有缺项且不规范的得4~7分，没有提交或者较差的得0~3分。

2.2　漫游及工厂实习项目主要包含安装与使用、工艺流程、操作说明等，完整规范的得8~10分，有缺项且不规范的得4~7分，没有提交或者较差的得0~3分。

【3】源代码：满分10分。

3.1　提交完整源代码得10分。

3.2　提交部分源代码得5分。

3.3　没有提交源代码得0分。

二、虚拟仿真项目评分标准

【4】完整性：满分20分，项目分两类分开评分。

虚拟仿真项目开发应针对本科实验教学，秉持以学生为中心的教学理念建设，实验仿真内容齐全，并能稳定安全、开放运行。

附录1　湖南省第一届大学生化学化工虚拟仿真竞赛（初赛）评审方案

4.1　实验类虚拟仿真项目：按标准实验2~4学时设计得4分，有实验目的学习得4分，有实验原理学习得4分，有仿真实验过程学习得4分，有实验结果与实验报告得4分。

4.2　漫游及工厂实习类虚拟仿真项目：漫游及实习有一个较完整的章节、工段、工艺流程的得7~10分，不完整的得0~6分；有较完整的漫游指示、提示、操作说明的得7~10分，不完整的得0~6分。

【5】创新性：满分20分。

按照"能实不虚、虚实结合"的原则，选题内容新颖、采用创新多样的教学方式方法及先进信息技术、重点解决真实项目条件不具备或实际运行困难的"四高"与大型综合训练等问题、填补真实实验空白的，优秀的得18~20分，一般的得10~15分；较差的得0~5分。

【6】交互性：满分10分，项目分4类分开评分。

6.1　有后台数学模型做支撑的完整的输入选项对应输出结果、友好的交互操作的得9~10分。

6.2　有有限的工艺参数选项待选、较完整、友好的交互操作的得6~8分。

6.3　没有工艺参数等选项、一般的交互操作的得3~5分。

6.4　没有交互操作的得0~2分。

【7】艺术性：满分20分，项目分3类分开评分。

7.1　三维仿真类项目：模型仿真度高，界面及配色美观，布局规范，动画视频图文搭配合理，每项满分5分，共20分。

7.2　二维仿真类项目：界面及配色美观，布局规范，动画视频图文搭配合理，每项满分3分，共9分。

7.3　视频类项目，前期拍摄光影色彩影调有美感，后期剪辑制作精美，配音清晰完美，每项满分2分，共6分。

附件二　虚拟仿真评委须知

1. 本次评审采取网络评审的方式进行。

2. 为保证评分及结果的客观、公正及一致性，采取横向打分法，即每位评委只参与一个打分项的工作。

3.每位评委对评审内容、意见及被评审单位提交的所有文档、软件负有保密义务，不得外泄。

4.打分过程严格以公布的评分标准为准，不得自行定义打分标准。

5.每位评委须独立评审打分，客观、公正履行职责，遵守职业道德，对打分和评审意见承担个人责任。

6.最终评审意见以评审小组全体评委签字为准。

湖南省第一届大学生化学化工虚拟仿真竞赛（初赛）
虚拟仿真专家评审组

附录 2　湖南省第六届大学生化学实验技能与化学化工创新竞赛试题

考试说明：本次考试为闭卷考试，考试时间为 120 分钟。本套试卷中的选择题均为单选题（多选不给分），请将正确答案填写在答卷上，每题 1 分，共 100 分。请在试卷和答卷的密封线内填写好学校、参赛证号及姓名。考试结束后请将试卷和答卷同时交给监考老师。

1. 某同学在玻璃加工实验过程中，不小心被灼热的玻璃棒烫伤，正确的处理方法是（　　）

A. 用大量水冲洗即可

B. 直接在烫伤处涂上烫伤膏或万花油

C. 直接在烫伤处涂上碘酒

D. 先用水冲洗，再在烫伤处涂上烫伤膏或万花油

2. 被碱灼伤时的处理方法是（　　）

A. 用大量水冲洗后，用 1% 硼酸溶液冲洗

B. 用大量水冲洗后，用酒精擦洗

C. 用大量水冲洗后，用 1% 碳酸氢钠溶液冲洗

D. 涂上红花油，然后擦烫伤膏

3. 实验室内因用电不符合规定引起导线及电器着火，此时应迅速（　　）

A. 首先切断电源，并用任意一种灭火器灭火

B. 切断电源后，用泡沫灭火器灭火

C. 切断电源后，用水灭火

D. 切断电源后，用 CO_2 灭火器灭火

4. 在使用酒精喷灯时，如果酒精和空气量均过大，会产生下列哪种火焰？（　　）

A. 正常火焰　　　B. 临空火焰　　　C. 侵入火焰　　　D. 以上情况均不对

5. 汞蒸气有剧毒，若不慎有少量汞散落于桌面或地板上，正确的处理方法是（　　）

A. 立即用水冲洗　　　　　　　　　B. 用去污粉洒于汞表面及周围

C. 用硫黄粉洒于汞表面及周围　　　D. 小心用吸管收集

6. 下列仪器：① 烧杯；② 坩埚；③ 量筒；④ 表面皿；⑤ 蒸发皿；⑥ 容量瓶；⑦ 烧瓶。能用酒精灯加热的是（　　）

A. ①②④⑤　　　B. ①②④⑦　　　C. ②③⑤⑥　　　D. ①②⑤⑦

7. 用 pH 试纸测定某无色溶液的 pH 值时，规范操作是（　　）

A. 将 pH 试纸放入待测溶液中润湿后取出，半分钟内跟标准比色卡比较

B. 将待溶液倒在 pH 试纸上，跟标准比色卡比较

C. 用干燥洁净的玻璃棒蘸取待测溶液，滴在 pH 试纸上，立即跟标准比色卡比较

D. 将 pH 试纸剪成小块，放在干燥洁净的表面皿上，用干燥洁净的玻璃棒蘸取待测溶液，点在 pH 试纸的中部，半分钟内跟标准比色卡比较

8. 某学生做完实验后，采用以下方法洗涤所用仪器：① 用稀硝酸清洗做过银镜反应的试管；② 用酒精清洗做过碘升华的烧杯；③ 用浓盐酸清洗做过高锰酸钾分解实验的试管；④ 用盐酸清洗长期存放过三氯化铁的试剂瓶；⑤ 用氢氧化钠溶液清洗盛过苯酚的试管。其中操作正确的是（　　）

A. ①③④⑤　　　B. ①②⑤　　　C. ①②③　　　D. 全部正确

9. 实验中正确配制 $0.2\ mol \cdot L^{-1}$ 的 Na_2CO_3 溶液的方法是（　　）

A. 用托盘天平称取 $5.72\ g\ Na_2CO_3 \cdot 10H_2O$ 于 100 mL 容量瓶中，加蒸馏水至刻度

B. 用托盘天平称取 $5.72\ g\ Na_2CO_3 \cdot 10H_2O$ 于 100 mL 烧杯中，加 100 mL 蒸馏水，搅拌溶解

C. 用托盘天平称取 $5.7\ g\ Na_2CO_3 \cdot 10H_2O$ 于 100 mL 烧杯中，用 100 mL 量筒量取 100 mL 蒸馏水，先加少量蒸馏水于烧杯中，搅拌溶解完全后加剩余蒸馏水

D. 用托盘天平称取 $5.7\ g\ Na_2CO_3 \cdot 10H_2O$ 于 100 mL 量筒中，先加少量蒸馏水，搅拌溶解完全后加蒸馏水至刻度

10. 下列实验方案可行的是（　　）

A. 用食盐、浓硝酸和二氧化锰混合加热制取氯气

B. 将白磷放在敞口试管中加强热，冷却后得红磷

C. 足量的氯气通入氯化亚铁溶液中，将溶液蒸干并灼烧，得到氧化铁

D. 将铜丝伸入热硫蒸气中，得到硫化铜

11. 某溶液中含有较多的 Na_2SO_4 和少量的 $Fe_2(SO_4)_3$，欲用该溶液制取芒硝，进行操作：① 加适量 H_2SO_4 溶液；② 加金属钠；③ 冷却结晶；④ 往煮沸的溶液中加过量 NaOH 溶液；⑤ 加强热脱结晶水；⑥ 过滤；⑦ 加热煮沸一段时间；⑧ 蒸发浓缩。正确

的操作步骤是（　　）

A. ②⑥⑧③⑥⑤ B. ④⑦⑥①⑧③⑥

C. ②⑥①⑧③⑥ D. ④⑥①⑧③⑥

12. 用 Nessler（奈斯勒）试剂检验 NH_4^+，所得红棕色沉淀的化学式是（　　）

A. $HgNH_2I$ B. $HgO·NH_2HgNO_3$

C. $(NH_4)_2HgI_2$ D. $HgO·HgNH_2I$

13. 实验室要配制标准的 Fe^{2+} 溶液，最好的方法是（　　）

A. 铁钉溶于稀盐酸

B. $FeCl_2$ 溶于水

C. $FeCl_3$ 溶液加铁屑还原

D. $(NH_4)_2Fe(SO_4)_2$ 溶于除氧的去离子水

14. （1+1）HCl 盐酸的浓度为（　　）

A. 12 mol/L B. 6 mol/L C. 4 mol/L D. 3 mol/L

15. 制备下列气体时可以使用启普发生器的是（　　）

A. 高锰酸钾晶体与盐酸反应制备氯气

B. 块状二氧化锰与浓盐酸反应制备氯气

C. 无水碳酸钾与盐酸反应制备二氧化碳

D. 块状硫化亚铁与稀硫酸反应制备硫化氢

16. 以下各种制备或纯化物质的方法中，不正确的是（　　）

A. 向 Na_2SO_3 晶体中加入浓 H_2SO_4 制 SO_2

B. 将空气液化，然后逐渐升温，先得到氮气

C. 在含有 Cu^{2+} 的 $FeSO_4$ 溶液中加过量 Fe 粉，过滤，得纯 $FeSO_4$ 溶液

D. 将浓氨水加热，再通过无水氯化钙干燥管制取干燥氨气

17. 下列实验操作中，错误的是（　　）

A. 把少量白磷放在冷水中 B. 把烧碱溶液盛放在带橡胶塞的试剂瓶中

C. 把少量金属钠放在冷水中 D. 在 $FeSO_4$ 溶液中放一枚干净的铁钉

18. 人体血液维持 pH 值在 7.35 左右，最适宜的缓冲溶液体系是（　　）

A. NaAc + HAc（$K_a = 1.76 \times 10^{-5}$） B. $NaHCO_3 + H_2CO_3$（$K_{a1} = 4.3 \times 10^{-7}$）

C. $Na_2CO_3 + NaHCO_3$（$K_{a2} = 5.6 \times 10^{-11}$） D. $NH_4Cl + NH_3$（$K_b = 1.77 \times 10^{-5}$）

19. 实验室中，必须现用现配的溶液是（　　）

A. 硬水 B. 氯水 C. 溴水 D. 氨水

20. 在实验室里欲配制较为稳定的 $SnCl_2$ 溶液应采用的方法是（　　）

A. 将 $SnCl_2$ 溶于 Na_2CO_3 溶液中，并加入少量的锡粒

B. 将 $SnCl_2$ 溶于新煮沸并冷却的纯水中

C. 将 $SnCl_2$ 溶于 HAC，并加入少许 Zn 粉

D. 将 $SnCl_2$ 溶于 HCl 中，并加入少量的锡粒

21. 下列溶液中，在空气里既不容易被氧化也不容易被分解，且可以用无色玻璃试剂瓶存放的是（　　）

　　A. H_2CO_3　　　　B. H_2SO_3　　　　C. HF　　　　D. HAc

22. 有一种白色硝酸盐固体，用下列几种试剂分别处理：（1）加入 HCl 溶液生成白色沉淀；（2）加稀硫酸析出白色沉淀；（3）加入氨水有白色沉淀生成但不溶于过量的氨水，由此判断硝酸盐阳离子是（　　）

　　A. Ag^+　　　　B. Ba^{2+}　　　　C. Hg^{2+}　　　　D. Pb^{2+}

23. 有关气体钢瓶的正确使用和操作，以下哪种说法不正确？（　　）

　　A. 不可把气瓶内气体用光，以防重新充气时发生危险

　　B. 各种压力表可通用

　　C. 可燃性气瓶（如 H_2、C_2H_2）应与氧气瓶分开存放

　　D. 检查减压阀是否关紧，方法是逆时针旋转调压手柄至螺杆松动为止

24. 当待测样品的个数不多时，为了减少试液与标准溶液之间的差异（如基体、黏度等）引起的测定误差，可以采用下列哪种方法进行定量分析？（　　）

　　A. 外标法　　　　B. 内标法　　　　C. 标准加入法　　　　D. 补偿法

25. 六次甲基四胺（pK_b = 8.85）配制缓冲溶液的 pH 值缓冲范围是（　　）

　　A. 8～10　　　　B. 4～6　　　　C. 6～8　　　　D. 3～5

26. 含 NaOH 和 Na_2CO_3 的混合液，用 HCl 滴至酚酞变色，耗去 V1 mL，继续以甲基橙为指示剂滴定又耗去 HCl V2 mL，则 V1 与 V2 关系是（　　）

　　A. V1 = V2　　　　B. V1 > V2　　　　C. V1 < V2　　　　D. V1 = 2V2

27. 以下表述正确的是（　　）

　　A. 二甲酚橙只适于 pH > 6 时使用　　　　B. 二甲酚橙既适于酸性也适于碱性

　　C. 铬黑 T 指示剂只适用于酸性溶液　　　　D. 铬黑 T 指示剂只适用于弱碱性溶液

28. EDTA 的酸效应曲线是指（　　）

　　A. $\alpha_{Y(H)}$-pH 曲线　　　　B. pM-pH 曲线

　　C. $\lg K'(MY)$-pH 曲线　　　　D. $\lg \alpha_{Y(H)}$-pH 曲线

29. 当对某一试样进行平行测定时，若分析结果的精密度很好，但准确度不好，可能的原因是（　　）

A. 操作过程中溶液严重溅失　　　　B. 使用未校正过的容量仪器
C. 称样时某些记录有错误　　　　　D. 试样不均匀

30. 用 EDTA 滴定 Ca^{2+}、Mg^{2+}，若溶液中存在少量 Fe^{3+}，Al^{3+}，将对测定有干扰，消除干扰的方法是（　　）

A. 加 KCN 掩蔽 Fe^{3+}，加 NaF 掩蔽 Al^{3+}

B. 加抗坏血酸将 Fe^{3+} 还原为 Fe^{2+}，加 NaF 掩蔽 Al^{3+}

C. 采用沉淀分离法，加 NaOH 沉淀 Fe^{3+}，Al^{3+}

D. 在酸性条件下，加入三乙醇胺，再调到碱性以掩蔽 Fe^{3+}，Al^{3+}

31. 欲使 50 mL 滴定管相对误差 ≤ 0.1%，则滴定体积至少为（　　）

A. 10 mL　　　B. 15 mL　　　C. 20 mL　　　D. 25 mL

32. 用含有水分的 Na_2CO_3 标定 HCl 溶液浓度，将使结果（　　）

A. 偏高　　　B. 偏低　　　C. 无影响　　　D. 符合误差要求

33. 在硫酸—磷酸介质中，用 $0.1\ mol \cdot L^{-1}\ K_2Cr_2O_7$ 溶液滴定 $0.1\ mol \cdot L^{-1}\ Fe^{2+}$ 溶液，其计量点电位为 0.86 V，对此滴定最适宜的指示剂为（　　）

A. 邻二氮菲－亚铁（$E^{\theta\prime}$ =1.06 V）　　　B. 二苯胺磺酸钠（$E^{\theta\prime}$ =0.84 V）

C. 二苯胺（$E^{\theta\prime}$ =0.76 V）　　　　　　　D. 次甲基蓝（$E^{\theta\prime}$ =0.36 V）

34. 某溶液可能含有 NaOH 和各种磷酸盐，今用一 HCl 标准溶液滴，以酚酞为指示剂时，用去 12.84 mL，若改用甲基橙为指示剂则需 20.24 mL，此混合液的组成是（　　）

A. Na_3PO_4　　　　　　　　　　　B. Na_3PO_4 + NaOH
C. Na_3PO_4 + Na_2HPO_4　　　　　D. NaH_2PO_4 + Na_2HPO_4

35. 副反应系数 $\alpha_{M(L)-1}$ 表示（　　）

A. M 与 L 没有副反应　　　　　B. M 与 L 的副反应相当严重
C. M 的副反应较小　　　　　　D. [M]=[L]

36. 在用 $K_2Cr_2O_7$ 法测定 Fe^{2+} 时，加入 H_3PO_4 的主要目的是（　　）

A. 提高酸度，使滴定反应趋于完全

B. 提高化学计量点前 Fe^{3+}/Fe^{2+} 电对的电位，使二苯胺磺酸钠不致提前变色

C. 降低化学计量点前 Fe^{3+}/Fe^{2+} 电对的电位，使二苯胺磺酸钠在突跃范围内变色

D. 有利于形成 Hg_2Cl_2 白色丝状沉淀

37. 在酸性介质中，用 $KMnO_4$ 溶液滴定草酸盐溶液，滴定应（　　）

A. 在室温下进行　　　　　　　　　B. 将溶液煮沸后即进行
C. 将溶液煮沸，冷至 85 ℃进行　　　D. 将溶液加热到 75 ~ 85 ℃时进行

38. 原子发射光谱产生是由于（　　）

A. 原子核的振动　　　　　　　　　　B. 原子的次外层电子在不同能级间跃迁

C. 原子的外层电子在不同能级间跃迁　　D. 原子外层电子的振动与转动

39. 在原子吸收分析中光源的作用是（　　）

A. 产生紫外线　　　　　　　　　　　B. 产生具有足够浓度的散射光

C. 发射待测元素的特征谱线　　　　　D. 提供试样

40. 离子选择电极的电极择性系数可用于（　　）

A. 估计电极的检测限　　　　　　　　B. 估计共存离子的干扰程度

C. 校正方法误差　　　　　　　　　　D. 估计电极线性响应范围

41. 伏安法中常采用三电极系统，即工作电极、参比电极和辅助电极，这是为了（　　）

A. 有效地减少电位降　　　　　　　　B. 消除充电电流的干扰

C. 增强极化电压的稳定性　　　　　　D. 提高方法的灵敏度

42. 某物质摩尔吸光系数很大，则表示（　　）

A. 该物质浓度很大　　　　　　　　　B. 光通过该物质溶液的光程长

C. 测定该物质的精密度高　　　　　　D. 该物质对某波长的吸光能力很强

43. 氟离子选择电极在使用前需用低浓度的氟溶液浸泡数小时，其目的是（　　）

A. 清洗电极　　　　　　　　　　　　B. 检查电极的好坏

C. 活化电极　　　　　　　　　　　　D. 检查离子计能否使用

44. 某化合物以正己烷为溶剂时最大吸收波长为 329 nm，以水为溶剂时 305 nm，该吸收跃迁类型为（　　）

A. $\delta - \delta^*$　　　B. $n - \delta^*$　　　C. $n - \pi^*$　　　D. $\pi - \pi^*$

45. 在紫外区出现两个吸收带的化合物是（　　）

A. 乙烯　　　　　B. 1,3-丁二烯　　　C. 1,4-戊二烯　　　D. 丙烯醛

46. 下列气体中不是气相色谱法常用载气的是（　　）

A. N_2　　　　　B. H_2　　　　　C. O_2　　　　　D. He

47. 色谱分析中，可以用来进行定性的色谱参数是（　　）

A. 峰面积　　　　B. 峰高　　　　　C. 半峰宽　　　　D. 保留值

48. 在以苯甲醛和乙酸酐为原料制备肉桂酸的实验中，水蒸气蒸馏时蒸出的是（　　）

A. 肉桂酸　　　　B. 苯甲醛　　　　C. 碳酸钾　　　　D. 醋酸酐

49. 用毛细管测定熔点时，若加热速度太快，将导致测定结果（　　）

A. 偏高　　　　　　　　　　　　　　B. 偏低

C. 不影响　　　　　　　　　　　　　D. 样品分解而无法测定

50. 常压蒸馏装置中冷凝管的选择，蒸馏硝基苯用（　　）

A. 直形冷凝管　　　B. 空气冷凝管　　　C. 球形冷凝管　　　D. 蛇形冷凝管

51. 下列哪个方法最常用来制备无水乙醚？（　　）

A. 于 P_2O_5 中回流，N_2 保护和隔绝水汽下蒸馏

B. 加入 CaH_2，回流，隔绝水汽下蒸馏

C. 加入金属钠和二苯甲酮，回流至溶液呈蓝色，N_2 保护和隔绝水汽下蒸馏

D. 加入 $LiAlH_4$，回流，N_2 保护和隔绝水汽下蒸馏

52. 由环己醇制备环己烯的实验中，边反应边蒸出环己烯和水时，须控制温度，其目的是（　　）

A. 减少未反应环己醇的蒸出　　　　B. 防止反应过于激烈

C. 防止环己烯的氧化　　　　　　　D. 防止环己醇的氧化

53. 在以苯甲酸和乙醇酯化制备苯甲酸乙酯的实验中，苯的作用是（　　）

A. 使反应温度升高　　　　　　B. 使反应温度降低

C. 将反应生成的水带出　　　　D. 将反应生成的酯带出

54. 一般情况下，干燥液体时每 10 mL 液体中加入干燥剂的量是（　　）

A. 0.5～1 g　　　B. 1 g　　　C. 1～2 g　　　D. 2 g

55. 正溴丁烷的制备中，第一次水洗的目的是（　　）

A. 除去硫酸　　　B. 除去氢氧化钠　　　C. 增加溶解度　　　D. 进行萃取

56. 粗产品正溴丁烷经水洗后油层呈红棕色，说明含有游离的溴，可用少量下列哪个试剂洗涤以除去？（　　）

A. 活性炭　　　　　　　　　　B. 饱和氯化钠水溶液

C. 水　　　　　　　　　　　　D. 亚硫酸氢钠水溶液

57. 干燥 2-甲基-2-己醇粗产品时，应使用下列哪一种干燥剂？（　　）

A. 无水 $CaCl_2$　　　B. 无水 Na_2SO_4　　　C. Na　　　D. CaH_2

58. 正丁醇与冰乙酸经硫酸催化合成乙酸正丁酯的反应结束后，其后处理的合理步骤为（　　）

A. 水洗、碱洗、酸洗、盐水洗　　　B. 碱洗、酸洗、水洗

C. 水洗、碱洗、盐水洗　　　　　　D. 碱洗、盐水洗

59. 水蒸气蒸馏结束时，即停止蒸馏时首先应（　　）

A. 移去热源　　　B. 旋开螺旋夹　　　C. 停通冷凝水　　　D. 取下接收器

60. 多组分液体有机物的各组分沸点相近时，采用的最适宜分离方法是（　　）

A. 常压蒸馏　　　B. 减压蒸馏　　　C. 分馏　　　D. 萃取

61. 在正丁醚的合成实验中，可以提高产品产量的装置是（　　）

A. 熔点管　　　　B. 分液漏斗　　　　C. 分水器　　　　D. 脂肪提取器

62. 在由呋喃甲醛歧化反应制备呋喃甲酸与呋喃甲醇的实验中，滴加氢氧化钠溶液时体系温度应控制在（　　）

A. 0~5 ℃　　　　B. 8~10 ℃　　　　C. 12~15 ℃　　　　D. 室温

63. 当混合物中含有大量的固体或焦油状物质，通常的蒸馏、过滤、萃取等方法都不适用时，可以采用下列哪种方法将难溶于水的液体有机物进行分离？（　　）

A. 回流　　　　B. 分馏　　　　C. 水蒸气蒸馏　　　　D. 减压蒸馏

64. 回流和加热时，液体量不能超过烧瓶容量的（　　）

A. 1/2　　　　B. 2/3　　　　C. 3/4　　　　D. 4/5

65. 乙酸乙酯制备实验中，馏出液用饱和碳酸钠溶液洗涤后用饱和食盐水洗涤的作用是除去（　　）

A. 碳酸钠　　　　B. 乙酸　　　　C. 硫酸　　　　D. 乙醇

66. 在乙酰苯胺的重结晶时，需要配制其热饱和溶液，这时常出现油状物，此油珠是（　　）

A. 杂质　　　　B. 乙酰苯胺　　　　C. 苯胺　　　　D. 正丁醚

67. 用乙醚萃取水溶液中的乙酸，已知 25 ℃时，$C_{H_2O} / C_{Et_2O} = 2.17$，现在有溶解 0.5 g 乙酸的水溶液 10 mL，若每次用 10 mL 乙醚萃取，萃取 3 次后溶液中的乙酸含量是（　　）

A. 0.13 g　　　　B. 0.20 g　　　　C. 0.18 g　　　　D. 0.16 g

68. 在用重结晶法纯化固体有机物时，在制得饱和溶液后，会根据实际情况加入适当过量的溶剂，如果没有参考数据，一般可以过量（　　）

A. ~1%　　　　B. ~5%　　　　C. ~10%　　　　D. ~20%

69. 在粗产品环己酮中加入饱和食盐水的目的是（　　）

A. 增加重量　　　　B. 便于蒸馏　　　　C. 便于分层　　　　D. 增加 pH

70. 萃取溶剂的选择是根据被萃取物质在此溶剂中的溶解度而定的，一般水溶性较小的物质选择的萃取溶剂为（　　）

A. 氯仿　　　　B. 乙醇　　　　C. 石油醚　　　　D. 乙腈

71. 环己酮的氧化所采用的氧化剂为（　　）

A. 硝酸　　　　B. 高锰酸钾　　　　C. 次氯酸钠　　　　D. 重铬酸钾

72. 在对氨基苯磺酸的制备过程中，可用（　　）来检查反应是否完全。

A. 10% 氢氧化钠溶液　　　　　　B. 10% 醋酸

C. 10% 碳酸钠溶液　　　　　　　D. 10% 碳酸氢钠溶液

73. 在乙酰水杨酸的制备中,为了检查反应液中是否存在水杨酸,可采用(　　)

A. 5%碳酸氢钠溶液　　　　　　B. 1%氯化铁溶液

C. 1%氯化钠溶液　　　　　　　D. 5%氢氧化钠溶液

74. 在乙酸乙酯合成反应中生成水,为了提高转化率,常用带水剂把水从反应体系中分出来,可作为带水剂的物质是(　　)

A. 乙醇　　　B. 苯　　　C. 丙酮　　　D. 二氯甲烷

75. 测量液体饱和蒸汽压的实验中,下列说法不正确的是(　　)

A. 测量液体饱和蒸汽压的方法一般有静态法、动态法和饱和气流法

B. 等压计"U"形管中的液体起着密封样品和平衡压力的作用

C. 饱和蒸汽压与温度的关系符合 Clausius－Clapeyron 方程式,由实验所测数据进行拟合可求得一定温度下的摩尔汽化热

D. 用等压计测液体蒸汽压所需试样少,方法简便,可用试样本身做封闭液而不影响测定结果

76. 静态法测定液体饱和蒸气压一般适用于(　　)体系。

A. 蒸汽压较小的纯液体　　　　B. 蒸汽压较大的纯液体

C. 含挥发性溶质的溶液　　　　D. 固态易挥发物质

77. 液体饱和蒸汽压的实验测量,下列操作中不正确的是(　　)

A. 在排系统空气过程中,抽气速率必须慢,避免等压计中样品因抽气速率过快而挥发掉

B. 等压计样品上方空气必须排尽

C. 实验操作关键在于,在整个实验过程中,要严防空气倒灌进入样品的蒸汽中,为防空气倒灌,应经常调节"U"形管液面,以防液差过大

D. 在升温测量过程中,当恒温槽温度恒定后,即可马上进行测量

78. 氧弹热量计是一种较为精密的实验仪器,燃烧热的测定是在环境温度恒定的条件下进行测定(以室温水夹套作为环境),同时用到雷诺温度校正,原因是(　　)

A. 校正燃烧前体系的温度

B. 校正燃烧后体系的温度

C. 校正环境的温度

D. 因热量计与周围环境的热交换无法完全避免,为了消除这一影响而进行校正

79. 燃烧热的测定实验中点火及停止读数关闭电源后,打开氧弹若发现有黑色残渣说明样品燃烧不完全,其可能原因不正确的是(　　)

A. 氧气压力不足　　　　　　　B. 氧弹漏气

C. 氧弹中加水过多　　　　　　　D. 样品量太多

80. 凝固点降低实验中，下列说法不正确的是（　　）

A. 本实验测量凝固点的成败关键是控制过冷程度和搅拌速度

B. 溶液的凝固点是该溶液的液相和溶剂的固相共存时的平衡温度

C. 溶剂或溶液过冷现象太甚，对测定结果都有影响

D. 溶剂和溶液冷却过程中都有温度不变的平台期

81. 在室温和大气压力下，用凝固点降低法测定物质的摩尔质量，若所用纯溶剂的正常凝固点为 6.5 ℃，为使冷却过程在比较接近平衡的情况下进行，应调节冰－水浴的温度是（　　）

A. 2.5～3 ℃　　　B. 6～7 ℃　　　C. 1.5～2.5 ℃　　　D. 0 ℃左右

82. 热重分析做出的谱图不能（　　）

A. 定量说明物质的热稳定性

B. 从质量变化的化学计量关系推测物质发生脱水、分解或氧化反应的产物

C. 确定物质发生脱水、分解或氧化反应的温度

D. 确定物质发生相变、异构化反应等过程的温度

83. 热分析法是合金相图绘制常用的一种实验方法，对于简单的低共熔二元合金体系，纯金属、低共熔金属及合金的步冷曲线上的转变温度各有（　　）个。

A. 1, 1, 2　　　B. 1, 2, 1　　　C. 1, 2, 2　　　D. 2, 1, 2

84. 在双液系相图绘制实验中，为了准确测量气液平衡时的沸点温度，温度计下端水银球应置于（　　）

A. 水银球完全浸没在液相中

B. 水银球完全浸没在气相中

C. 水银球一半浸在液相中，一半处在气相中

D. 任何位置都无影响

85. 双液系沸点组成图的绘制实验中根据下列哪一个物理量确定溶液的组成？（　　）

A. 吸光度　　　　　　　　　　　B. 旋光度

C. 电导率　　　　　　　　　　　D. 折光率

86. 电桥法测定弱电解质的电离常数实验直接测定的物理量是（　　）

A. 电离度　　　　　　　　　　　B. 电离常数

C. 电阻　　　　　　　　　　　　D. 电导

87. 电池电动势的测定常采用坡根多夫对消法，下列说法错误的是（   ）

A. 电动势测定时要使电池反应在接近热力学可逆条件下进行

B. 在两个溶液中插入盐桥，液接界电势仍然影响电池电动势的精确测定

C. 用对消法测定电池电动势简便易测，并可避免标准电池损耗

D. 电池电动势测定可求取电池反应的各种热力学参数

88. 蔗糖水解速率常数的测定实验操作中正确的是（   ）

A. 实验用蒸馏水校正旋光仪的零点，对蔗糖转化过程中所测的旋光度 α_t 也必须进行零点校正

B. 配制蔗糖反应溶液时，将蔗糖溶液加到盐酸溶液里去，然后混合均匀

C. 为测量反应完全的旋光度，可以升高温度让反应快速进行，温度越高反应进行越完全，有利于 α_∞ 的测量

D. 蔗糖水解反应的测量时间一般以 40 分钟左右为宜（α_∞ 的测量除外），当反应进行较慢时，可适当改变反应条件，如适当提高反应温度、增加反应物蔗糖的浓度和盐酸的浓度等

89. 在乙酸乙酯皂化反应速率常数测定的实验中，反应是将 0.02 mol/L 的乙酸乙酯溶液和 0.02 mol/L 的氢氧化钠溶液混合后在恒温状态下进行的。下面说法中不正确的是（   ）

A. 只有同时测定出 κ_0、κ_t 和 κ_∞，才能求得反应速率常数

B. 反应结束后的电导率 κ_∞ 即是 0.01 mol/L 醋酸钠溶液的电导率

C. 反应 t 时刻的电导率 κ_t 是溶液中 Na^+、OH^-、CH_3COO^- 对电导率贡献之和

D. 反应起始时刻的电导率 κ_0 即是 0.01 mol/L 氢氧化钠溶液的电导率

90. 测量电解质溶液的电导时，所使用的电极是（   ）

A. 甘汞电极　　　　　　　　B. 铂黑电极

C. 银—氯化银电极　　　　　D. 玻璃电极

91. 溶液表面张力的测定，为了减少实验误差，下列操作不正确的是（   ）

A. 仪器系统不能漏气

B. 毛细管垂直插入液体内部，每次浸入深度大概相同

C. 读取压力计的压差时，应取气泡单个逸出时的最大压力差

D. 所用毛细管必须干净、干燥，应保持垂直，其管口刚好与液面相切

92. 最大气泡法测定溶液表面张力实验中，某组同学发现，打开分液漏斗放水时，压力计读数值不断变大，但毛细管口却无气泡逸出，最可能的原因是（   ）

A. 毛细管尖端被堵住　　　　　　　B. 系统漏气

C. 滴液速率太快　　　　　　　　　D. 毛细管端口伸入待测溶液内

93. 对于用 Gouy 磁天平法测量物质的磁化率实验，下列说法中不正确的是（　　）

A. 实验中应缓慢加大励磁电流

B. 选用合适的标准物标定磁场强度

C. 实验前在样品管中填充颗粒状的样品

D. 称量时，样品管应正好处于两个磁极之间，且其底部正好与磁极中心线齐平

94. 氮气和二氧化碳钢瓶外表油漆颜色分别是（　　）

A. 黄色，黑色　　　　　　　　　　B. 黑色，黑色

C. 天蓝色，深绿色　　　　　　　　D. 黑色，灰色

95. 在氧弹量热计中萘的燃烧反应为：$C_{10}H_8(s) + 12O_2(g) \rightarrow 10CO_2(g) + 4H_2O(l)$，在 298.2 K 时，测得反应的恒容热 $Q_v = -5152$ kJ/mol，则萘的燃烧焓 $\Delta_c H_m = $（　　）kJ/mol。

A. -5157　　　　B. -5149　　　　C. -5147　　　　D. -5154

96. 在二组分气液相图的实验教材中，写着"加入环己烷 2 mL、3 mL、4 mL……"，这种规定样品的加入量，其目的是（　　）

A. 因为相图的横坐标是组成，所以作图时保证了组成的精确性

B. 使相图中各点的分布合理

C. 防止加入量过多使沸点仪的蒸馏瓶容纳不了

D. 为了节约药品的用量

97. 二组分合金体系"步冷曲线"上的"平台"长短与下列哪个因素无关？（　　）

A. 样品的质量　　　　　　　　　　B. 样品的组成

C. 样品的降温速率　　　　　　　　D. 样品开始降温的温度

98. 在电导测量实验中，需要用交流电而不用直流电。其原因是（　　）

A. 增大电流密度　　　　　　　　　B. 防止溶液升温

C. 防止在电极附近溶液浓度的变化　D. 准确测定电流的平衡点

99. 恒温槽中的水银接触温度计的作用是（　　）

A. 既做测温使用，又做控温使用　　B. 只能用于测温

C. 只能用于控温　　　　　　　　　D. 控制搅拌器马达的功率

100. 某物质燃烧反应的温差校正图如下所示，则线段（　　）表示由于样品燃烧使量热计温度升高的数值。

A. EF′　　　　　　B. EF　　　　　　C. E′F　　　　　　D. EF′

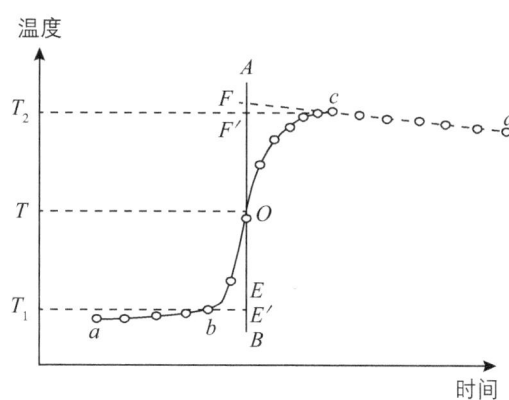